三诗人传

屈原传

逸响伟辞
卓绝一世

郭银田 著

团结出版社

图书在版编目（CIP）数据

三诗人传.屈原 / 郭银田著. —— 北京：团结出版社，2023.8

ISBN 978-7-5126-9519-1

Ⅰ. ①三… Ⅱ. ①郭… Ⅲ. ①屈原（约前 340- 约前 278）-传记 Ⅳ. ① K825.6

中国版本图书馆 CIP 数据核字 (2022) 第 143572 号

出版：团结出版社

（北京市东城区东皇城根南街 84 号 邮编：100006）

电话：（010）65228880 65244790 （传真）

网址：www.tjpress.com

Email：zb65244790@vip.163.com

经销：全国新华书店

印刷：北京天宇万达印刷有限公司

开本：145×210 1/32

印张：22.25

字数：433 千字

版次：2023 年 8 月 第 1 版

印次：2023 年 8 月 第 1 次印刷

书号：978-7-5126-9519-1

定价：120.00 元（全三册）

自　序

　　屈原是中国最伟大的一位诗人，不，是亚洲最伟大的一位诗人，这是公认的事实，不必多说。

　　近来似乎是流行着屈原热，所以讨论屈原的文章也特别多：有的是就政治的观点，有的是就社会的观点，有的是就美学的观点……去辨认、描绘和把捉屈原的。这些，当然各有他们的天地，各有他们独特的获得；不过，就我个人看来，也并不算是十分尽如人意的。因为政治是人类生活的一部分，而不是人类生活的整体，所以我们自然不能以纯政治的观点去窥探一位伟大诗人的全部灵魂了；社会环境，就表相上来看，仿佛是可以决定一个人的人生动向和他的人生反映的诗的，但是，我们不要忘了，时势固然可以造英雄，而英雄又何尝不可以造时势呢！英雄与天才们，是不受时代所拘束的。至于就美学的观点，同样也是失之偏颇了。我常想一个人灵魂活动的领域的大小，是与他的心灵的大小成比例的。他的心灵越伟大，他灵魂活动的领域则越崇高，越广博，也越深远。只有怀着一颗渺小的心灵的人，才会把灵魂局促于一隅、一点，而不能驰骋、展开来。基于这个认识，我便有了写这本书的动机，也可以说，这个认识引起了我试探着去发掘这位大诗人的完整的心灵的兴趣。本书的起点，是从原始的人性（Human nature）出发的。人性，自形式上来看，好像是主观的东西，不足以作为衡量屈原的标准，而其实是最客观不过的了。譬如说，人生是有合群与博爱诸德行的，古人如此，今人又何尝不尔？所以说人性是超越时空的，它是人类精神各部门活动的基础。我以为只有从这个基点上着眼，才能够真正地认识屈原。

本书是我游心于屈原的作品里，以我的心灵叩击诗人的心灵，以我的人性印证诗人的人性的结果。我知道没有什么新奇的议论，或惊人的见解，在"人性"的观念下，一切还不都是平凡渺小的吗？

本书的考证方面，多采取胡师光炜的说法，特此声明，并敬致谢忱。最后，还应该感谢李长之师，李师给了我很多的宝贵意见和指导，特别是关于屈原的艺术的部分。

1943年5月21日于重庆

目　录

第一章　屈原 ………………………………………… 1

　　第一节　屈原有无辩 …………………………… 1

　　第二节　屈原的家世与姓名 ………………… 6

　　第三节　屈原的生平 ………………………… 10

第二章　屈赋的时代背景 ………………………… 31

　　第一节　政治黑暗与外患频仍 ……………… 31

　　第二节　老庄思想的反动

　　　　　　——虚静的人生态度之摒弃 ……… 33

　　第三节　低级的理智主义之厌恶

　　　　　　——唯情主义的肯定 ……………… 35

第三章　屈原的作品 ……………………………… 39

　　第一节　屈赋文体之先驱 …………………… 39

　　第二节　屈赋释名 …………………………… 46

第三节 屈赋的篇目 …………………………… 49

第四章 屈原的思想 ………………………………… 95

第一节 屈原思想的本源
　　　——南方文化的追溯 …………… 96

第二节 屈原思想在形而上学上
　　　的根据 ……………………………… 98

第三节 现实的执着 …………………… 104

第四节 对宇宙人生的根本怀疑 …… 123

第五节 厌弃人世与凌空遨游 ……… 128

第六节 从天国里坠落到人间世
　　　——现实的再执着 …………… 140

第五章 屈原的艺术 ……………………………… 153

第一节 《诗经》与屈赋的比较 …… 154

第二节 屈赋文例 ……………………… 159

第三节 对偶 …………………………… 163

第四节 比兴 …………………………… 164

第五节 图绘性 ………………………… 165

第六节 造型性 ………………………… 167

第七节 强烈的刺激性 ……………… 169

第六章 总论 …………………………………… 175

第一章　屈原

朝饮木兰之坠露兮，夕餐秋菊之落英。苟余情其信姱以练要兮，长顑颔亦何伤。

——屈原《离骚》

第一节　屈原有无辩

有无屈原这个问题，在我们漫长的历史之流波里，从未发生过，疑屈原无此人的，自近人廖季平始。

廖季平著《楚辞讲义》，主张"屈原并没有这人"。他的理由是：第一，说《史记·屈原贾生列传》是不对的，细看它全篇文义都不连属。那传中的事实，前后矛盾。既不能拿来证明屈原出处的事迹，也不能拿来证明屈原作《离骚》的时代。那些选古文的人，差不多个个都选这篇不贯气的文章，认他神韵最好，真是疯子。第二，以经学的眼光，说《楚辞》是《诗经》的旁支。他那经学上的主见，以为《诗经》本是天学。所讲的都是天上的事，自然《楚辞》也是一样。所以有那些远游出世的思想和关于天神魂鬼的文辞。也是适用《诗经》应该有的法度。第三,说《离骚》首句"帝高阳之苗裔兮",是秦始皇的自序。屈原其他的文章,多半是秦博士所作。《史记》:"始皇不乐,使博士为《仙真人诗》,及行所游天下,传令乐人歌弦之。"(始皇三十六年)这样不仅否认了屈原的存在,并且定《楚辞》为秦人所作,《仙真人诗》即是《楚辞》了。

由上所引的廖先生怀疑屈原无此人的理由,都不够充分。首先,试想《屈原列传》的文艺不连属,和事实的前后矛盾,即能证明无此人吗?按传自传,人自人,何以传文不通,而即谓无此人呢?这未免武断!其次,他把《楚辞》归入天学的范围,也不能证明屈原无此人。谁能说屈原不能有远游出世的思想?不能作天神魂鬼的文辞?至于说《离骚》首句"帝高阳之苗裔兮"是秦始皇的自序,那又何以不能说是屈原的自序呢?因为古代好些民族,他们的祖先是共同的,秦先祖是高阳氏,楚人的先祖也是高阳氏,所以当然不能以此而怀疑屈原的存在了。若谓《仙真人诗》即《楚辞》,这到底是何所据而云然?或者是"公羊家"的廖先生的一种玄想吧。

继踵廖先生而怀疑屈原无此人的是胡适之先生。胡先生在《北京努力周报·读书杂志栏》里,发表了《读〈楚辞〉》一文,对于屈原其人的有无,也有些怀疑。他说:"屈原是谁?这个问题是没有人发问过的。我现在不但要问屈原是什么人,并且要问屈原这个人究竟有没有。为什么我要疑心呢?因为:第一,《史记》本来不很可靠，而《屈原·贾生列传》，尤其不可靠。(子)传末有之，'及孝文崩，孝武皇帝立，举贾生之孙二人至郡守，而贾嘉最好学，世其家，与余通书，到孝昭时列为九卿'。司马迁如何能知孝昭的谥法？一可疑。孝文之后为景帝，如何可说'及孝文崩，孝武皇帝立'？二可疑。(丑)《屈原传》叙事不明。先说'王怒而疏屈平'。次说'屈原既疏，不复在位，使于齐，顾反，谏怀王曰：何不杀张仪？王悔，追张仪，不及'。又说'怀王欲行，屈平曰：秦，虎狼之国，不可信，不如毋行'。又说'顷襄王立，以其弟子兰为令尹。楚人既咎子兰以劝怀王入秦而不反也。屈平既嫉之，虽放流，眷顾楚国，系心怀王，不忘欲反'。又说'令尹子兰闻之大怒，卒使上官大夫短屈原于顷襄王，顷襄王怒而迁之。屈原至于江滨，被发行吟泽畔'……既'疏'了，既'不复在位'了，又'使于齐'，又'谏'重大的事，一大可疑。前面并不曾说'放流'，出使于齐的人，又能谏大事的人，自然不曾被'放流'。而下面忽说'虽放流'，忽说'迁之'，二大可疑。'秦，虎狼之国，不可信'二句，依《楚世家》是昭雎谏的话。'何不杀张仪'一段，《张仪传》无此语，亦无'怀王悔，追张仪，不及'等事。三大可疑。怀王拿来换张仪的地，此传说是'秦割汉中地'，《张仪传》说是'秦欲得黔中地'，《楚世家》说是'秦分汉中之半'，究竟是汉中还是黔中呢？四大可疑。前称屈平，而后半忽称屈原，五大可疑。"此外，他还说，战国时君臣观念很轻(例如，商鞅卫人而事秦孝公；张仪魏人主连横；李斯楚人而相始皇帝。当时也都不觉得他们是国家的叛徒)，因之在汉以前绝不会有斯文之作。所以断定屈原为复合物，为箭垛式的人物，是西汉人虚构出来的。

以上所引的胡先生的意见，我们也不敢赞同。他所执着的传文的烦乱一点（无论是时间上的矛盾，还是事迹上的矛盾），不能做必无其人的证明。第一，因为《史记》这部书是由后人增补的。如《龟策列传》等数篇，即是褚少孙所补的。在有的列传后的数句，亦有后人增补者。如《司马相如传》后附有扬雄（孝成帝时人）的话。假若我们怀疑《屈贾列传》后，太史公不应说到孝昭，又不应于孝文之后接着说武帝，以此而怀疑屈原的无有，这根本是疏忽了《史记》成书的过程和历史。所以说这一类的问题，应当归纳到后人增补的范围里去。第二，在太史公撰《史记》的时候，书禁始开，古书尚未全出，所以对于所传闻世的人物，考证尤为不易，因之，他同时并存异词，也是有的。因此之故，《史记》中难免有自相矛盾的地方。第三，《史记》的传本，全凭写录，这样流传既久，自然要发生传写上的错误，造成《史记》书中的叙事不明与文字颠倒了。我们也承认《屈贾列传》的传文诚然有错乱处，但《老庄申韩列传》之文错乱更甚，岂能因是而谓无老子？所以说传文之有错乱与否，不影响其人的存在。这是我们对胡先生传文颠乱而怀疑屈原无此人的反驳的理由。再者，我们更有旁证推理的理由：历代作伪书的固有，然绝没有造近代的假人的，只有造远代的假人的，如韩非说的**"各家所称的尧舜不同，不知哪个是真尧舜"**，正是这个道理。汉文帝时，贾谊至长沙，有《吊屈原赋》。我们假如怀疑屈原为虚构的人物，那么，可见造屈原之名字是自贾生始了。但贾生在时间上仅距屈原百余年，以我们的推想，若贾生造假，绝不会造百余年前的假人。所以说如谓屈原无此人，肯定是贾生造假，其谁信之？此外，比贾生稍后一点的，还有淮南王刘安为《离骚》作传，更可做证人了。

至于在伦理上所谓七国策士（客卿）的无国家观念，独屈原不然，楚国虽对他残酷，但他至死不离楚，因而引起人的怀疑者，最早的还是首推贾生，《吊屈原赋》说："般纷纷其离此尤兮，亦夫子之故也。瞵九州而相君兮，何必怀此都也？"

这是对屈原为什么忍受谗谤放流的苦痛，而不离去楚国的疑问。太史公在《屈贾传赞》里也说："又怪屈原，以彼其材，游诸侯，何国不容，而自令若是！"对屈原为什么效忠于其君如此者，也产生着疑问。胡先生更以此而怀疑屈原的存在了。不知战国客乡受雇用的原则、风气，当不能适用于特殊人物如屈原者的身上；超越了那时代的一般风尚，而自立规模，这正是屈原的伟大处。按：不仅屈原为特例，先他而树植强烈的国家观念者，已有齐人王蠋。《史记·田单传赞》说："燕之初入齐，闻画邑人王蠋贤，令军中曰：'环画邑三十里，勿入。'以王蠋之故。已而使人谓蠋曰：'齐人多高子之义，吾以子为将，封子万家。'蠋固谢。燕人曰：'子不听，吾引三军而屠画邑。'王蠋曰：'忠臣不事二君，贞女不更二夫。齐王不听吾谏，故退而耕于野。国既破亡，吾不能存。今又劫之以兵为君将，是助桀为暴也。与其生而无义，固不如烹。'遂经其颈于树枝，自奋绝脰而死。"可见忠臣与国家观念，在战国之齐人高士已有，不独屈原为然。故知以不合战国的伦理思想而怀疑屈原无此人的说法,也不攻自破了。

第二节　屈原的家世与姓名

一、高贵的家世

《史记·屈贾列传》说:"屈原者,名平,楚之同姓也。"《新序》说:"屈原者,楚之同姓大夫。"王逸《楚辞章句》说:"屈原与楚同姓。"可知他是楚国的贵族了。

关于他的家世,他自己在《离骚》里说"帝高阳之苗裔兮,朕皇考曰伯庸"。按:高阳即颛顼,传说为黄帝之孙,楚之始祖。《史记·楚世家》也说:

"楚之先祖,出自帝颛顼高阳……高阳生称;称生卷章;卷章生重黎……帝喾命曰祝融。共工氏作乱,帝喾使重黎诛之而不尽。帝乃以庚寅日诛重黎,而以其弟吴回为重黎后,复居火正,为祝融。吴回生陆终;陆终生子六人:一曰昆吾,二曰参胡,三曰彭祖,四曰会人,五曰曹姓,六曰季连,芈姓,楚其后也。……周文王之时,季连之苗裔曰鬻熊。鬻熊子事文王,蚤卒。其子曰熊丽;熊丽生熊狂;熊狂生熊绎。熊绎当周成王之时,举文、武勤劳之后嗣,而封熊绎于楚蛮,封以子男之田,姓芈氏,居丹阳。……熊绎生熊艾,熊艾生熊䵣,熊䵣生熊胜,熊胜以弟熊杨为后,熊杨生熊渠。熊渠生子三人:长子康为句亶王,中子红为鄂王,少子执疵为越章王。……熊渠卒,子熊挚红立,其弟弑而代立,曰熊延,熊延生熊勇。熊勇六年,而周人作乱,攻厉王,厉王出奔彘。熊勇十年,卒,弟熊严为后。熊严有子四人:长子伯霜,中子仲雪,次子叔堪,少子季徇。熊严卒,少子季徇立,是为熊徇,熊徇卒,子熊咢立,熊咢卒,子熊仪立,是为若敖,若敖卒,子熊坎立,是为霄敖,霄敖卒,子熊眴立,是为蚡冒,蚡冒卒,蚡冒弟熊通弑蚡冒子而代立,是为楚武王。"

《帝系》说:"颛顼娶于腾隍氏女而生老僮,是为楚先。其后熊绎事周成王,封为楚子,居于丹阳。周幽王时,生若敖,奋征南海,北至江、汉。其孙武王求尊爵于周,周不与,遂僭号称王,始都于郢,是时生子瑕,受屈为客卿,因以为氏。"

《元和姓纂》说:"屈,楚公族芈姓之后。楚武王子瑕,食采于屈,因氏焉。屈重、屈荡、屈建、屈平并其后。"

以上是对他家世谱系的引证。其次是对"朕皇考曰伯庸"的解释:王逸《楚辞章句》以为"伯庸"是屈原的父亲;王闿运《楚辞释》则以为是屈氏受姓之祖,彼所持的理由:以为子不应称父字,故"皇考"乃指太祖,即始受封之祖。我以为应从后一种说法。例如刘向《九叹·逢纷》篇首说:"伊伯庸之末胄兮,谅皇直之屈原。"可知屈原是伯庸的末胄,那他们当然不是父子关系了。

屈原的家庭:我们知道他有个阿姊名女婴(见《离骚》)。传说她曾劝慰阿弟,故得地名秭归(见《水经注》)。又传说她曾收殓阿弟之尸(见张蒲《杂说》)。又传说屈原有子女各一,其

7

子怨父沉江,亦投水死,为水神,名黑神(见《蕲州志》)。又益阳有其女墓,名叫绣英,又称纬英(见《长沙府志》)。

今据前引,列其世系表如下:

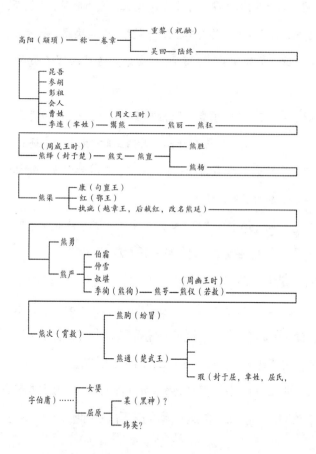

屈原是楚王子瑕的后裔,他与楚国,在血液里已结成了不可分的因缘。他的高贵的家世,象征着他的优秀的传统,孕育出他那种超人的天才和他的倔强孤傲的个性,更糅合了他的忠君

爱国的热情，这实在已预兆出他未来的苦痛的生命了。所以说他家世的高贵，一方面给他带来了一种喜悦，一方面也给他带来了无穷的灾难与不幸！

二、美善的名字

《史记·屈原列传》说："屈原者，名平。"可见"原"是他的字了。（在《卜居》《渔父》里也自称屈原。）考名与字的分别："字"是由"名"而孳生出来的。所以闻名知字，闻字知名。屈原名平，也正是名字相应的。《尔雅·释地》："广平曰原。"如是可知"原"即是"平"了。如平地，北人称"原"，南人称"坪"。

屈原在《离骚》里介绍他自己的名字说：

"皇览揆余初度兮，肇锡余以嘉名。名余曰正则兮，字余曰灵均。"

这里他不言名"平"字"原"，而名曰"正则"，字"灵均"，这岂不是《离骚》与《屈原列传》的说法相矛盾了吗？

按：古人命名字的意义，春秋桓公六年九月丁卯，子同生，公问名于申繻，申繻对曰："名有五：以名生为信，以德名为义，以类命为象，取于物为假，取于父为类。"结果因为与公同日生，所以叫"同"。屈平字原，正是以德名的。名"平"者，乃取"正则"之意，即是说"正而可法"的。平正又声近，可以互训。所谓"灵均"者，"灵"为公共的美称。"均"，《说文》曰："均，平遍也。"均之声母为匀，而"畇"与"均"都是从匀得声的。《诗·信南山》："畇畇原隰。"按：畇畇是田之美者，所以说"灵均"即是神原之意。这样，"平"即是"正则"，"原"即是"灵均"了。

屈原的名字是由卜筮而得来的。刘向《九叹·离世》说："兆出名曰正则兮，卦发字曰灵均。"

古人三月命名，冠而后字（见《仪礼·士冠礼》）。但是冠的迟早，也是以阶级而分的。天子十二岁而冠，士大夫二十岁而冠。冠时父做主人，父殁请人代为之。由此推之，屈原的父亲，在屈原二十岁的时候，大概尚在吧。因为"皇览揆余初度""字余曰灵均"。我们可以知道他的名字，是他父亲赐给他的。

第三节　屈原的生平

屈原出生于楚宣王二十七年（公元前343），自沉汨罗而死于楚顷襄王二十一年（公元前278）以后的某年的五月五日，寿年在六十六岁以上。综合他一生的事迹，可以分为七个时期，除了他幼年的受教养期以外，仕宦和放逐，交织成他整个的生平。

一、受教养时期

自一岁至二十五岁。从楚宣王二十七年到楚怀王十年（公元前343—前319）。他受教养的情形，《离骚》里说：

"扈江离与辟芷兮，纫秋兰以为佩。汩余若将不及兮，恐年岁之不吾与。朝搴阰之木兰兮，夕揽洲之宿莽。"

二、仕宦第一期

自二十六岁至三十一岁。从楚怀王十一年到十六年（公元前318—前313）。这一时期他做的是左徒之官。为了解他的政治主张，先述那时的楚国大势：战国虽号称七雄并峙，但实际上有关整体局势的，只有东齐、西秦、南楚三国，而燕韩赵魏，仅可随附，不能有所主张。在这样的局势里，于是"纵""横"之风起。"合纵"是合诸国以抗秦，"连横"是连诸国以事秦；前者是苏秦的主张，后者是张仪的策略。当时齐秦的势力，成平衡状态，如是南楚便可以左右纵横之局了。因之楚国的政治家也分为两派：一派是亲齐反秦的，以屈原为代表，这是合纵派。一派是亲秦反齐的，以子兰、上官大夫为代表，这是连横派。这两派在政治上是永远对立的、倾轧的，在他们相互的盈虚消长里，不仅映射出楚国兴衰的命运，而且衬托出屈原喜悦与愁苦的倔强为国之影子。

在这一时期里亲齐派的屈原，是为王所信任的。《本传》说："为怀王左徒……入则与王图议国事，以出号令，出则接遇宾客，应对诸侯，王甚任之。"《惜往日》也说："惜往日之曾信兮，受命诏以昭时。奉先功以照下兮，明法度之嫌疑。"可见怀王对他的倚重了。《本传》里没有记载他任职的年月，但是我们从《新序·节士》篇里得到一些暗示:"秦欲吞灭诸侯,并兼天下,屈原为楚东使于齐,以结强党。"考屈原曾三次使齐(《本传》所载的是第二次,时在怀王十六年以后)。这便是第一次了。今按《楚世家》怀王十二年:"齐湣王伐败赵魏军,秦亦伐败韩,与齐争长。"可见自这年起,齐即与秦争长,这自然是《新序》里所谓"强党",也正是屈原运用合纵外交最易收效的时候。到了怀王十六年,秦欲伐齐时,齐楚已经合亲了(见《本传》及《楚世家》)。故知齐楚从亲必在怀王十六年以前。今齐湣王与秦争长在怀王十二年,故假定《新序》所说"屈原为楚东使于齐,以结强党",便是那一年的事了。屈原能贯彻他的合纵外交,应是在左徒任内的事,由是推知他任职的年月,是在怀王十二年以前的(十一年)。他那时年二十六岁。《橘颂》大约也是作于此时的。

在楚国"纵""横"的政潮,永远不息地在激荡翻动着。因之屈原就在这样的怒涛里,终于遇到了风险与暗礁。《本传》说:"上官大夫与之同列,争宠而心害其能。怀王使屈原造为宪令,屈平属草稿未定。上官大夫见而欲夺之,屈平不与,因谗之曰:'王使屈平为令,众莫不知。每一令出,平伐其功,曰:以为非我莫能为也。'王怒而疏屈平。"这事大概在怀王十三年,他年二十八岁。

屈原的见疏,暗示出楚国外交政策的转变,它自然地走到亲秦绝齐的路子上去。所以《本传》也说:"屈原既绌,其后秦欲伐齐,齐与楚从亲,惠王患之,乃令张仪佯去秦,厚币委质事楚,曰:'秦甚憎齐,齐与楚从亲,楚诚能绝齐,秦愿献商、於之地六百里。'楚怀王贪而信张仪,遂绝齐。"这事是在怀王十六年。他这时一定谏拒张仪的请求,《惜诵》说:"所作忠而言之分,指苍天以为正。"正是他进谏合纵的英姿。他这种努力是徒然的,反因此而去职了。

三、东游齐时期

自三十二岁至三十三岁。从怀王十七年到十八年(公元前312—前311)。屈原虽然去了左徒的职务,但是仍有一个突如其来的机会使他与政治纠缠不清,那便是:怀王绝齐得秦地的事,终于受了张仪的欺骗,王乃兴师伐秦,秦大破楚师于丹浙(《楚世家》作丹阳),虏楚将屈匄,遂取楚之汉中地而去。既而魏又伐楚,齐怒不来救,楚孤立无援。怀王因大悔悟。复用屈原,派他到齐国去修好。《新序·节士》篇说:"是时怀王悔不用屈原之策,以至于此。于是复用屈原,屈原使齐。"这里所谓"屈原之策",即指亲齐与合纵的政策。齐楚间既有屈原的重新联络,秦国便不能小视楚国了。故《本传》说:"明年,秦割汉中地与楚以和。楚王曰:'不愿得地,愿得张仪而甘心焉。'张仪闻,乃曰:'以一仪而当汉中地,臣请往如楚。'如楚,又因厚币用事者臣靳尚,而设诡辩于怀王之宠姬郑袖。怀王竟听郑袖,复释去张仪。是时屈原既疏,不复在位,使于齐,顾反,谏怀王曰:'何不杀张仪?'怀王悔,追张仪,不及。"可见怀王信任屈原的心又恢复了。屈原的齐国之行,却又给他酝酿出了一段新的政治生命。

四、仕宦第二期

自三十三岁至三十九岁。从怀王十八年到二十四年（公元前311—前305）。这一时期他任三闾大夫之官。三闾大夫掌王族三姓——昭、屈、景。王逸说："屈原序其谱属，率其贤良，以厉国士。"可见他做的是为国培养人的工作了。《离骚》说："余既滋兰之九畹兮，又树蕙之百亩。畦留夷与揭车兮，杂杜衡与芳芷。冀枝叶之峻茂兮，愿俟时乎吾将刈。"说的正是他这种为国育才的崇高理想。是的，在楚国小人盈朝的贪婪政治下，只有培植后代的英才，才是楚国光明的预兆。所以他一方面把目光射向遥远的未来，去做国运的前瞻，一方面又把目光凝敛在楚国青年的身上，肯定了他这种工作的价值与喜悦；是以短视的上官大夫等人，也能暂时与他相安，没有特别对他的嫉妒和为难。

但是，纵横的波涛，始终不停地在楚国的对外政策上掀动着，怀王二十三年（二十年？）的合齐以善韩的纵约，也许与屈原有相当的关系吧？纵约既成，秦国便又设法破坏了。故在怀王二十四年，楚又背齐而合秦。时秦昭王初立，厚赂于楚，楚往迎妇（见《楚世家》）。此时屈原又必恳切谏阻；但怀王为人，昏庸而贪，一见秦人的贿赂，便利令智昏，把从前的耻辱都忘掉了。他从前既疏远过他，现在一方面讨厌他的进谏，一方面又有上官大夫的谗言，所以怀王便又把他免职了。

五、郢都蛰居期

自三十九岁至四十四岁，从怀王二十四年到二十九年（公元前305—前300）。屈原既因谏楚合齐而被免去了三闾大夫的职务，所以他便蛰居在郢都约有五年之久，五年，是多么漫长的日子呵！据《楚世家》记载，怀王二十四年合秦以后，一直到二十八年还未解约。屈原一向是主张亲齐拒秦的，在秦楚邦交未破裂以前，怀王是决不会再起用他的。及至怀王二十九年秦又攻楚，杀楚将景缺，怀王乃使太子为质于齐以求平。这时怀王又必起用亲齐的屈原，充当使臣的职务，所以次年怀王入秦，他又谏说："秦，虎狼之国，不可信，不如毋行。"（《楚世家》作昭雎语）

六、仕宦第三期

自四十五岁至五十一岁，从怀王三十年至楚顷襄王六年（公元前299—前293）。本时期仍回三闾大夫任，依旧策动着反秦运动。《本传》说："时秦昭王与楚婚，欲与怀王会。怀王欲行，屈平曰：'秦，虎狼之国，不可信，不如毋行。'怀王稚子子兰劝王行：'奈何绝秦欢。'怀王卒行。入武关，秦伏兵绝其后，因留怀王，以求割地。怀王怒，不听。亡走赵，赵不内。复之秦，竟死于秦而归葬。"这个时机，应该是最利于合纵抗秦派的发展的。无疑，屈原的政治主张，一定为朝野上下的舆论所支持着。不过秦人的势力膨胀得太快，顷襄王终于禁不住秦人的威胁，忘了杀父之仇，与秦修好。这时屈原一定是力争过的，但结果失败。所以《楚世家》说："顷襄王三年，怀王卒于秦，秦归其丧于楚，楚人皆怜之，如悲亲戚。诸侯由是不直秦，秦楚绝。……六年，秦使白起伐韩于伊阙，大胜，斩首二十四万。秦乃遗楚王书曰：'楚倍秦，秦且率诸侯伐楚，争一旦之命。愿王之饬士卒，得一乐战。'楚顷襄王患之，乃谋复与秦平。七年，楚迎妇于秦，秦楚复平。"这段记载，便指明了顷襄王屈辱合秦的过程。此时楚国意志薄弱的上层执政者，是由畏秦而主张屈膝事秦的；代表反秦派意见的屈原，自不得不和他们做正面的冲突了。结果是见罪于子兰，遭受了谗谤，触怒了顷襄王，接受了放逐的处分。《本传》说："长子顷襄王立，以其弟子兰为令尹。楚人既咎子兰以劝怀王入秦而不反也，屈平既嫉之。……令尹子兰闻之大怒，卒使上官大夫短屈原于顷襄王，顷襄王怒而迁之。"他的仕宦的命运，至此已告结束了。

七、江南放逐期

自五十一岁至六十六岁。从顷襄王六年到二十一年（公元前293—前278）。王逸说："其子襄王，复用谗言，迁屈原于江南。"诗人的生命，就是完结在这一时期里。他放逐的地点，初在湖北西北部，终至湖南。《抽思》说："有鸟自南兮，来集汉北。"可见屈原最初的谪地在楚国北境。《思美人》和《抽思》的情怀是相连的，那里面说："指嶓冢之西隈兮，与纁黄以为期。"也明明表示他在湖北的西北部。但又说："开春发岁兮，白日出之悠悠。吾将荡志而愉乐兮，遵江夏以娱忧。"又好像是在南边。但我们要注意那个"将"字，他是说到明年开春的时候，想到南方去，故尔那篇末的"独茕茕而南行"，也和《抽思》的"狂顾南行，聊以娱心兮"是一样的（以上为采取郭沫若先生说）。所以屈原终于又回到了郢都。（郭沫若先生以为屈原由汉北回到郢都来，乃是在襄王二十一年秦将白起伐楚时，屈原在汉北先受秦兵深入的压迫，而后逃亡到成都。关于这一点，他是忽略了屈原的南来是有计划的，理由见前。）可是在白起破郢都后，他又沿江东行而去江南。《哀郢》便是追悼郢都沦陷之作，这里边也指出了他东来的行踪。

"民离散而相失兮，方仲春而东迁。去故乡而就远兮，遵江夏以流亡。出国门而轸怀兮，甲之朝吾以行。发郢都而去闾兮，怊荒忽其焉极。……过夏首而西浮兮，顾龙门而不见。……将运舟而下浮兮，上洞庭而下江。……背夏浦而西思兮，哀故都之日远。"可见他在仲春甲日自郢都遵江夏向东，经夏首洞庭而至夏浦（夏口，今之汉口）。夏浦是《哀郢》中最东的地方，他是否再向东走，现在无从知道。他在夏浦住了若干时日，我们也是不知道的。接着《哀郢》而来的是《涉江》之作，《涉江》里记载着他从夏浦去江南的路程："哀南夷之莫吾知兮，旦余济乎江湘。乘鄂渚而反顾兮，欸秋冬之绪风。步余马兮山皋，邸余车兮方林。乘舲船余上沅兮，齐吴榜以击汰。……朝发枉渚兮，夕宿辰阳。……入溆浦余儃徊兮，迷不知吾之所如。"这是说他从鄂渚南涉江湘沅水，经方林、枉渚、辰阳而入溆浦。鄂渚地近夏浦，可见《涉江》所记与《哀郢》相衔接了。溆浦是《涉江》中最南的地方,他是否再向南走,我们不知道。不过晓得的是他会流浪在洞庭的附近。

屈原在这漫长的放逐生活里,辗转流离,不遑宁处,既不能进而赞画国是,造福邦家;又不能退而息影田园,优游卒岁。无限的怨愤之情,无限的忠君爱国之热忱,凝铸为辉煌灿烂的诗篇。终于在襄王二十一年秦将白起拔郢后的某年的五月五日,他怀了国破家亡之恨,投汨罗而死,《怀沙》便是他的绝命词,可知其寿年是在六十六岁以上了。

纵观屈原的一生,仕宦与放逐,平分着他的生命,政治与文学,做了他生命情调的象征(其前半生为政治生活,见逐后乃脱离政治而专从事文学)。他是一个典型的悲剧之人生形式:在建立大楚国的观念下,他一边执着真理的盾牌,不停地与现实的黑暗面搏斗;他一边也点燃着心灵的烈火,追求他完满的理想之国。但是,正因为他的火焰过热,在追求理想的过程中,反而烧毁了他自己。

附一:屈原生卒考

一、生年

《离骚》:"摄提贞于孟陬兮,惟庚寅吾以降。"这是屈子生辰的自述。摄提是什么?有二说:一是王逸根据《尔雅》的解释,以为摄提即摄提格之省。王逸《楚辞章句》说:"太岁在寅日摄提格。孟,始也。正月为陬。庚寅,日也,言己以太岁在寅,正月如春,庚寅之日，下母之体而生。"一是朱熹根据《史记·天官书》的解释，以摄提为星名。《天官书》："东宫有大角星，其两旁各有三星，鼎足句之，曰摄提。摄提者，直斗杓所指以建时节，故曰摄提格。"《楚辞辩证》疑王说之非谓："月日虽寅，而岁则未必寅。其曰摄提贞于孟陬，乃谓斗柄正指寅位之月耳，非太岁在寅之名也。"在此二说当中，一般的人是多从王说，承认摄提为岁名的，故顾炎武《日知录》重申王说曰："古人必以日月系年。摄提，岁也。孟陬，月也。庚寅，日也。岂有自述世系生辰，乃不言年而只言月日者？"因为假若同意朱说，以摄提为星名，则屈原的生年便不可考了。但是，在王逸的《楚辞章句》里，也有以摄提用为星名的例子。如《九思·怨上》："大火兮西睆，摄提兮运低。"摄提显系星名。为何他在注《离骚》时，反以摄提作为岁名呢？大概别有所据吧。现在根据王说，推算屈原的生年，这就不能不牵掣到中国古代的历法上去了。

中国古代是仅以干支纪日，不以干支纪岁月时的。《日知录》说："古不以甲子名岁。"在甲骨文里，是以甲子纪日的，如："甲子（纪日）……（记事）……在□月，唯王□祀。"可知殷人纪岁月，皆以数目，纪日则用干支了。

甲子表：

甲子 乙丑 丙寅 丁卯 戊辰

己巳 庚午 辛未 壬申 癸酉

甲戌 乙亥 丙子 丁丑 戊寅

己卯 庚辰 辛巳 壬午 癸未

甲申　乙酉　丙戌　丁亥　戊子

己丑　庚寅　辛卯　壬辰　癸巳

甲午　乙未　丙申　丁酉　戊戌

己亥　庚子　辛丑　壬寅　癸卯

甲辰　乙巳　丙午　丁未　戊申

己酉　庚戌　辛亥　壬子　癸丑

甲寅　乙卯　丙辰　丁巳　戊午

己未　庚申　辛酉　壬戌　癸亥

　　甲子表即是殷人的历法。殷代每年为一祀，每祀十二月，每月三旬，每旬十日。由上表知六十甲子，恰为两月纪历。甲、乙、丙、丁、戊、己、庚、辛、壬、癸，名干；子、丑、寅、卯、辰、巳、午、未、申、酉、戌、亥，名支。则干在前而支在后，即用干纪日在前，用支纪日在后。如仅用甲（干）纪日，则不知是上旬第一天抑中旬第一天或下旬第一天，故将子（支）配上，便知甲子为上旬第一天，甲戌为中旬第一天，甲申为下旬第一天。如是，旬日定矣。殷人以干支纪日，其起源如此。

　　在前面甲子表中：甲子（计前六列）一定是一、三、五、七、九、十一月之第一日；甲午（包括后六列）一定是二、四、六、八、十、十二月之第一日。甲子配合，故可检出某月某日。但是殷人亦有闰月（十三月）之制，如是则相错延下一个月了。故二、四、六、八、十、十二月之第一日，亦可为甲子。因之，十三月之第二年的一月第一日为甲午，三月的第一日也为甲午。

　　何以知殷历法月为三十日？由甲骨文的"贞旬"见之。贞旬乃是上旬卜下旬的吉凶的。殷人风尚，照例以"癸"日贞之。癸日是每旬的末日，可知一旬为十日，三旬为一月了。

较科学者有太阴历（四分历：春分、夏至、秋分、冬至）出。它是以地球为宇宙的中心的，一切绕地而转，最显著者当然是日月绕地球了。月速又较日速为大，把一周天分为三百六十五又四分之一度，日行一度，月即走十三度（约）。《尧典》（后人伪作）说："期三百有六旬有六日，以闰月定四时成岁。"故日行绕地一周，为行三百六十五又四分之一度。因之日行绕一周，月已行十二周，是以生十二月及朔望。年有十二次望朔，但行不一准，有前错后错，故生大小建。年有六（五）大建，六（七）小建，大建三十日，小建二十九日。如一年以三百六十日计算，便多出五又四分之一日，再加小建多出六日或七日，则共多十一又四分之一日（一年以六大六小计算），或十二又四分之一日（一年以七小五大计算），故生置闰。三年一闰，五年二闰，十九年七闰。考太阴历之使用，最早不得过周初（由甲骨文证之，朔字不见于甲骨文），是以殷只有大建，周则大小建均有，如是多出癸日，甲子地位便更改了。于是想出补救的方法，便将一月分初吉（初一至初七日），生霸（魄）（初八至十五日），既望（十六至二十二日），死霸（二十三日至晦日）。生霸犹上弦，死霸犹下弦，甲子失位，以此纪之。汉人嫌其散漫，则用朔，如甲辰朔七日（庚戌）。六朝仍嫌其混繁，乃用数计：初一，初二……甲子纪日法遂废。汉以后，则以甲子名岁了。

甲子名岁——《尔雅·释天》有"岁阳，岁名（阴）"之说，是将甲子渐用于岁上了。岁阴：太岁在寅，摄提格；在卯，单阏；在辰，执徐；在巳，大荒落；在午，敦牂；在未，协洽；在申，涒滩；在酉，作噩；在戌，阉茂；在亥，大渊献；在子，困敦；在丑，赤奋若。岁阳则曰：甲，阏逢；乙，旃蒙；丙，柔兆；丁，强圉；戊，著雍；己，屠维；庚，上章；辛，重光；壬，玄黓；癸，昭阳。此类名词，多不可解。《淮南子·天文训》亦有此称，多与《尔雅》同；《史记·历书》与《尔雅》所载有别，多音同字异。此名词见于战国末，想系外来语吧。至所云"太岁在寅曰摄提格"是什么呢？太岁即岁星，为行星，也即木星。木星绕太阳而行，十二年走一周天，称曰一纪（岁星周天为一纪）。古人算时，把周天上某几点作为岁星在天空通行的驿站，即是代表辰的十二支——子丑寅卯辰巳午未申酉戌亥。当这岁星走到周天上的某一特定处——寅——的时候，就是摄提格。所谓摄提格者，即是寅年。今依《淮南子·天文训》列表于下：

太阴所在	岁名	岁星所舍	与晨同出东方	与晨同出为封
寅 卯 辰 巳 午 未 … 子 丑	摄提格 单阏	斗牵牛 须女虚危	十一月 十二月 （《史记·天官书》作正月 二月）	东井与鬼 柳七星张

可知木星绕天体而行,十二年一周(十二缠次)。故有太岁在寅等(见《天文训》)。今将十二支分为四方,以子为北方。

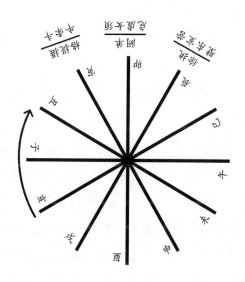

太阳为二十八宿所绕,木星又绕之而行,一年之程为一次,十二年绕一周天为十二次。其某年之所止,如太岁所舍为斗牵牛,即摄提格岁也。

[《史记·历术甲子》篇:"*汉武帝太初元年,岁名焉(阏)逢摄提格;二年,端(旃)蒙单阏。*"焉逢即甲,摄提格即寅;端蒙即乙,单阏即卯。是西汉以岁阳岁阴纪岁。太初元年,岁在甲寅,二年,岁在乙卯。西汉始以甲子纪岁了。]

由摄提推知太岁在寅之年,即屈子约生于楚宣王二十七年(公元前343,戊寅)。《史记·六国年表》:周显王二十六年(楚宣王二十七年),岁在戊寅。湖州乌程汪曰桢(字刚木)《历代长术辑要》卷三推记周显王二十六年历说："正月（建子）小，辛丑朔（正月朔）；二月大，庚午（二月朔），闰二月小；三月大，己巳；五月大，戊辰；七月大，丁卯；十月大，丙申；十二月，乙未。"以上所引无四月、六月、八月、九月、十一月者，因汪氏之书有凡例："凡下月之干同于上月者不书。"故按例不书四、六、八、九、十一等月了。但是，在这里又生出矛盾的问题来了。"摄提贞于孟陬兮，惟庚寅吾以降。"按："贞"，正也，当也；"孟陬"，孟春，正月，寅月也；"庚寅"，寅日也。然在汪氏所推算的正月里，没有庚寅这一天，而在三月里却有庚寅之日——三月二十二日。不过，在三月里虽有庚寅之日，三月与孟陬——正月——不是矛盾了吗？我们的解释是：这个矛盾的产生，是因周楚两方所用的方法不同。周人的历法是建子；楚人僻处蛮荒，不奉周朝正朔，所以楚人的历法是建寅。故周人建子三月，恰为楚人建寅正月，是以知屈原生于正月二十二日了。

楚建寅之旁证，《尔雅》："商曰祀，周曰年。"在金文上，周初也称年为祀（见大盂，康王时物）。南宋王复齐钟鼎款识有方城范氏钟，上刻"隹王五十有六祀"，是以知王即楚宣王也。宣王时年五十六岁，因上有"酓章"（熊章，宣王名。）二字。可知楚人在楚宣王时，仍称年为祀，因袭商人的旧称，不奉周王的正朔。楚人的建寅之历，或者是商人的遗物吧。

由上所论可知：屈原是生于楚宣王二十七年正月二十二日，即摄提之年（寅年），孟陬之月（寅月），庚寅（寅日）之日了。

二、卒年

屈原卒年为何时，颇成疑问。由其作品来看，以《怀沙》篇为最后。但何时作《怀沙》则不可知。其次即注意《哀郢》一篇，郢是楚都，现在的江陵。《哀郢》里说："曾不知夏之为丘兮，孰两东门之可芜？"可见作此篇时，楚都门已经荒芜了。由《史记·楚世家》知顷襄王二十一年"秦将白起遂拔我郢，烧先王墓夷陵"。楚乃迁都于陈城（今河南淮阳）。时屈原年六十六岁。《哀郢》是屈子在郢都破后的追悼之作。又按文章题目，凡标"哀"字者，大半为追悼之作，由司马相如《哀二世赋》、庾信《哀江南赋》等可证。屈原就是从这个时候起，不忍看祖国沦亡和人民的流离无靠，所以他一方面把所有的血泪凝成伟大的诗篇，一方面又当着爱国与悲愤的火焰烧焦了他那一颗心的时候，便怀沙抱石，自沉汨罗江中，与国人长辞。可知他的卒年是在六十六岁以后了。他这种悲壮自沉而殉国之死法与地点，最早的记载，见于贾谊的《吊屈原赋》及庄忌的《哀时命》里。

《吊屈原赋》："侧闻屈原兮，自沉汨罗。造讬湘流兮，敬吊先生；遭世罔极兮，乃陨厥身。"

《哀时命》："子胥死而成义兮，屈原沉于汨罗。虽体解其不变兮，岂忠信之可化。"

这种记载自然是可靠的。《本传》里也说："于是怀石，遂自投汨罗以死。"东方朔《沉江》："赴湘沅之流澌兮，恐逐波而复东。怀沙砾而自沉兮，不忍见君之蔽壅。"王褒《九怀》："屈子兮沉湘。"刘向《九叹·远游》："济杨舟于会稽兮，就申胥于五湖。见南郢之流风兮，殒余躬于沅湘。"

其次，我们问屈原自沉的日期，计有下列七种异说：

（1）春（见《新唐书·杜亚传》）。

（2）元夕（见文文山《元夕》诗）。

（3）三月（见《旧唐书·敬宗纪》）。

（4）三月三日（见王绩《三月三日赋》及沈佺期《三日独坐驩州思忆旧游》）。

（5）五月五日（见《荆楚岁时记》及《续齐谐记》等）。

（6）五月望日（见《隋书·地理志》）。

（7）九月（见《旧唐书·穆宗纪》）。

其中以五月五日之说较为普遍，然亦有以此日纪念介子推（见《琴操》）或子胥（见《曹娥碑》）的。就《怀沙》"孟夏"二字来看，自然是以五月五日之说为合理了。

屈原是死于顷襄王二十一年（公元前278）以后某年的五月五日，寿年是在六十六岁以上。

附二：屈原年谱

楚宣王二十七年（公元前343），正月二十二日生。

怀王十一年（公元前318），先生年二十六岁。

是年，苏秦约纵山东六国兵攻秦，怀王为纵约长。先生为左徒，王甚任之。作《橘颂》（？）。

怀王十二年（公元前317），先生年二十七岁。

是年，齐湣王伐败赵魏军，秦亦伐败韩，与齐争长。先生东使于齐以结强党。秦患之。

怀王十三年（公元前316），先生年二十八岁。

怀王使先生为宪令，上官大夫欲夺其稿，不与，因谗之，遂见疏。作《天问》。

怀王十六年（公元前313），先生年三十一岁。

是年，秦欲伐齐，齐与楚从亲，乃令张仪佯去秦，厚币委质事楚，许以商於之地六百里，怀王遂绝齐。先生谏绝秦，不听，被谗去左徒职。作《惜诵》。

怀王十七年（公元前312），先生年三十二岁。

是年，楚伐秦，大败，秦虏楚将屈匄，取汉中地。已而魏又袭楚，齐怒不救，楚大困。王乃起用先生，使之使于齐以求援。

怀王十八年（公元前311），先生年三十三岁。

是年，秦归汉中地与楚和，怀王愿得张仪。及仪至，又释之。先生使齐返，谏杀张仪。任三闾大夫。

怀王二十三年（公元前306），先生年三十八岁。

是年，怀王以昭雎之言，复绝秦而和齐，齐湣王为纵约长。

怀王二十四年（公元前305），先生年三十九岁。

是年，楚复背齐而合秦，秦昭王厚赂楚，楚往迎妇。先生谏不听，被谗，去三闾大夫职。

怀王二十六年（公元前303），先生年四十一岁。

是年，齐韩魏为楚负约，共伐楚。楚质太子于秦而求救。

怀王二十七年（公元前302），先生年四十二岁。

是年，楚太子杀秦大夫而亡归。

怀王二十八年（公元前301），先生年四十三岁。

是年，秦与齐韩魏共攻楚，杀楚将唐眛，取重丘。

怀王二十九年（公元前300），先生年四十四岁。

是年，秦复攻楚，大破之，杀楚将景缺。怀王使太子为质于齐以求平，王复起用先生，使于齐。

怀王三十年（公元前299），先生年四十五岁。

是年，先生复三闾大夫职。怀王入秦，秦留之以求割地。太子横即位，是为襄王。先生曾谏怀王勿行，不听。

顷襄王三年（公元前296），先生年四十八岁。

是年，怀王卒于秦，秦人归其丧于楚，楚人皆怜之，如悲亲戚，秦楚遂绝。先生作《招魂》。

顷襄王五年（公元前294），先生年五十岁。

是年，作《离骚》（？）。

顷襄王六年（公元前293），先生年五十一岁。

是年，王谋复与秦平。令尹子兰见《离骚》大怒，使上官大夫短先生，王怒而迁之。作《悲回风》《抽思》。

顷襄王九年（公元前290），先生年五十四岁。

是年，作《卜居》《渔父》。

顷襄王二十一年（公元前278），先生年六十六岁。

是年，秦将白起伐楚拔郢，烧楚先王墓夷陵，襄王兵散不复战，东北保于陈城（今河南淮阳）。二月，先生沿江东行，作《哀郢》《涉江》（？）。

是年四月，先生自溆浦东北行，至汨罗，五月五日，自沉。作《惜往日》《怀沙》。

附三：屈原田宅

屈原是秭归人。按：秭归县即今归州。《水经注》："秭归县东北数十里，有屈原旧田宅，虽畦堰廖漫，犹保'屈田'之称也。有屈原故宅，累石为室基，名其地曰：乐平里。宅之东县北六十里有女嬃庙，捣衣石犹存，女嬃屈原姊也。"又《楚胜迹志》："归州三闾乡有玉米田，相传屈原耕此，产白米似玉。三闾乡一名归乡。"袁山松云："抑其山秀水清，故出儁异，地险流疾，故其性亦隘。"

附四：关于汨罗

《水经注》："汨水西径罗县北，本罗子国也。故在襄阳宜城县西，楚文王移之于此。秦立长沙郡，因以为县，水亦谓之罗水。汨水又西，径玉笥山。"罗含《湘中记》："屈潭之左有玉笥山，此福地也。一曰地脚山。汨水又西为屈潭，即汨罗渊也。屈原怀沙自沉于此，故渊潭以'屈'为名。昔贾谊史迁皆尝经此，弭楫江波，投吊于渊。渊北有屈原庙，庙前有碑。"又甄烈《湘州记》："屈潭之左有玉笥山，屈平之放，栖于此山而作《九歌》焉。"

按：今湘阴县即古之罗子国。汨罗本一水，流经玉笥山下，汇为渊潭。而以汨罗江名者，亦犹湘江之统称矣。其地在湘阴县北七十里。《异苑》曰："长沙罗县有屈平自投之川，山明水净，异于常处。民为立庙在汨潭之西，岸侧磐石马迹尚存。相传屈原投川之日，乘白骥而来。"

附五：关于竞渡与角黍

《荆楚记》云："屈原以五月五日投汨罗而死，人伤之，以舟楫拯焉。"

《隋书·地理志》云："屈原以五月望日赴汨罗，土人追至洞庭，不见，湖大船小，莫得济者。乃歌曰：'何由得渡湖！'因尔鼓棹争归，竞会亭上。习以相传，为'竞渡'之戏。其迅楫齐驰，棹歌乱响，喧振水陆，观者如云。诸郡皆然，而南郡尤甚。"刘梦得云："今举楫相和之音皆曰'何在'，盖所以招屈原也。诗曰：'沅江五月平堤流，邑人相将浮彩舟。灵均何年歌已矣，哀谣振楫从此起。'"

《继齐谐记》："屈原以五月五日投汨罗而死，楚人哀之，每于此日以竹筒贮米，投水祭之。汉建武中，长沙欧回（一作区回）白日忽见一人，自云三闾大夫，谓回曰：'闻君当见祭，甚善；但常年所遗，苦为蛟龙所窃，今若有惠，可以楝树叶塞上，以五色丝转缚之，此二物蛟龙所惮也。'回依其言。今五月五日作粽，并带五色丝及楝树叶，皆汨罗遗风也。"

第二章　屈赋的时代背景

一棵苍劲挺拔的古松，总应该植根在万仞的悬崖之上；一幕悲剧，也离不开恰如其分的背景的衬托。文学固然可以指导时代，然而时代却也常能培植出一部伟大的文学作品来。假若诗人是夺目的奇花异蕊，那么，他所处的时代，就是土壤和肥料了。有了幽厉时代的政治黑暗，才会产生《小雅》那许多有名的诗篇，渔阳的鼙鼓，不也为我们造就了两位伟大的诗人吗？同样地，屈原生长在他那个杌陧的时代里，也亲手制作出许多绚烂辉煌的诗篇。这引起了我们对屈赋时代背景的追求之兴趣。

第一节　政治黑暗与外患频仍

屈原的生命之流波，在怀襄之世是射出了美丽的奇光异彩的。但也就是这个时候，却熔解着无穷的时代之苦痛，做了他酝酿和诞生诗篇的力的源泉。我们知道怀襄王朝是楚国的一个最动荡的时代，它的黄金般的国运，亦渐如西山的落日，仅仅呈现着暗淡无力的光彩了。屈原恰巧生长在这样动荡的时代里，亲眼看到：在国内，政治黑暗，邪辟的小人专权；朝廷昏惑，正直的贤人君子失位。在国外，合纵连横，列强交攻，而楚国以内政不修，在群雄逐鹿的阵线中，已成最脆弱的一环；在怒涛澎湃的漩涡里，已预兆出隐忧的命运。"岂余身之惮殃兮，恐皇舆之败绩"正是他这种焦急的谋国心情之写照了。然而我们反观，他实际的政治生命如何呢？那在我们的眼前会立刻浮现出他遍体鳞伤的影子来。他虽然做过左徒之官，得到怀王的信任，但是不久即被谗去职，他虽然三次使齐，怀着合纵的大计，但是不久也粉碎在连横派的手掌里；他虽然做过三闾大夫，教育楚国的青年，但是不久也陷入"荃蕙化而为茅"的悲哀，他虽然怀着爱国的热情，对国事做策略上的谏诤，但是旋即得到放流的结果。楚国对他太无情了，怀襄对他太残酷了。然而，他是楚王的宗室，他是高阳的后裔，对楚国与楚王，他又哪能一刻忘掉呢？他希望楚国强大与统一，他不惜为它而憔悴、苦痛；他希望怀襄励精图治，他不惜为王而奔波与牺牲；他希望人民安居乐业，他不惜为他们接受折磨与灾难。不过，他这一切的希望，在楚国还不是一个幻梦和妄想吗？怀王的昏庸，谗佞的当道，造成了怀王客死于秦的结果；顷襄王的无能，与其对邪辟小人的信任，演出了弃郢迁陈的历史上的悲哀事迹。这又哪能不拨动他愤怨的心弦，而自然地流出伤心之曲呢！所以《本传》说："屈平疾王听之不聪也，谗谄之蔽明也，邪曲之害公也，方正之不容也，故忧愁幽思而作《离骚》。'离骚'者，犹离忧也。夫天者，人之始也；父母者，人之本也。人穷则反本，故劳苦倦极，未尝不呼天也；疾痛惨怛，未尝不呼父母也。屈平正道直行，竭忠尽智，以事其君，谗人间之，可谓穷矣。信而见疑，忠而被谤，能无怨乎？屈平之作《离骚》，盖自怨生也。"这正是时代的背景，影响到他的创作的说明。政治的黑暗，糅合着外患频仍，映射到屈原的心幕上，描出了矛盾、冲突、恍惚、动摇、不安定的时代之巨影，再把这个巨影，通过了他的匠心，融会了他的热情反射出来，那便是他的新兴的骚体的制作了。

第二节　老庄思想的反动——虚静的人生态度之摒弃

春秋战国，好像涵容了春雨的沃土，思想的花朵，群芳斗艳似的开遍在它的广漠的原野上。这时人类的智慧，可说是远到了极峰顶层，巍巍的思想之山峦，永恒地为后人所向往了。就是在这个思想界的奇迹里，因为思想之花所植根的地方不同，也分出了南北派别的差异：南方以老庄为代表，北方以孔孟为领袖。号称蛮夷的楚国，也正是老庄思想孕育与发祥的地方。老庄的思想，无疑象征着人类绝顶的智慧，指出了恬淡虚静的人生价值。他们的主张：一方面是致虚守静，见素抱朴；一方面是崇尚无为，法乎自然。结果是旷怀达生，由无留滞的齐物，终于获得自我内心之解脱。这显现了人生之独善其身的"静"的一面。

虽然屈原沐浴在这个传统的思想精神里，虽然熏陶在这个传统的虚静的人生态度之氛围里，但是他感到这样的人生太"平凡"，太"拘谨"，太不"生动"，太"冷落"了。所以他首先霹雳一声地对老庄思想发生了反动：他摒弃了虚静的人生态度，超越了时代的思想，而作"动"的人生之追求。他有无限的热情，耐不住"虚静"的寂寞；他也有无限的生命力，禁不起"无为"的平淡生活之侵蚀。他要感情的奔放，他也要生活本身的欣取。他不了解旷怀达生，只知道倔强与固执；他不了解无留滞的齐物，只知道现实的执着；他也永远地不了解自我内心的解脱，只知道不可拯救的烦恼与苦闷。所以他不听阿姊女婴的劝告，也不听渔父的言辞。因为他们的思想都是典型的老庄思想：一个是主张"众不可户说兮，孰云察余之中情"的"知其雄，守其雌"的人物；一个是主张"圣人不凝滞于物，而能与世推移"的隐者。这样的道家思想，他又哪能接受呢？况且在当时，楚国的动荡局面，事实上也迫着他放弃了"独善其身"的要求："哀民生之多艰。"早已鼓舞起他的为国为民的情绪；楚王的昏惑，谗佞的骄横，更使他不能不远离了虚静的人生态度，显出了人生的战斗姿态。他的确有点像儒家的"知其不可而为之"的精神，表露着固执的百折不挠的生命意志。他是老庄思想的反动者：他摒弃了老庄思想，摒弃了虚静的人生，他在追求人生"动"的一面。他对现实的执着，造成了心灵的苦闷与彷徨无主，和一个不安定的灵魂。就在这个苦闷、彷徨、不安定的人生动态里，在艺术上却孕育出了他的崭新的骚体。

第三节　低级的理智主义之厌恶——唯情主义的肯定

在屈原的时代里，"理智"的种子，遍撒在每一个人的心田里，所以"智慧"的爱好，"理"的追求，简直成了当时唯一的风尚了。我们知道理智发展的结果，是显然地分为两层：一是高级的理智，象征着人类绝顶的智慧与骄傲。一是低级的理智，代表着人类社会的黑暗和耻辱。一般的观点以为，理智与感情二者是成功的矛盾与对立，不知这只是从低级的理智去着眼的结果，其实高级的理智与感情是可以谱奏着和谐与统一的。高级的理智在人类思想上常常地开放出华丽鲜艳的各种奇花异蕊，呈现着迷人可爱的色调；在幽玄的哲理上，也常常辐射着活泼生动高贵的智慧之光，交织成各种思想体系。固然，在层层的理境的搜求里，仿佛没有感情的地位，在玄哲的妙得里，仿佛忌讳的是情欲昏念之妄动。但是，在对宇宙时空系统之认识里，毕竟感觉到人生的空幻与渺小；在对"道"体的神悟里，终于想到生命的幻灭与短促。因此，在理境的刹那的驰骋获得里，唤醒了人心灵深处的情之激越，激起了幽邃的生命情趣的鼓舞翻腾，情与理的振荡，颤动着要求和谐统一，最后归结到二者的相合无间，融成一片理情交辉的生命丰富的高贵世界。只有低级的理智，冷酷无情地酝酿着自私自利，计较利害，欺骗虚伪，阴贼险狠的诸种灰黑的烟幕，笼罩着社会俗人破碎、残缺的心灵。也只有在低级的理智主义的流行发展里，人远离了人生，远离了生活的趣味，也就是远离了人生最宝贵的"感情"。所以在春秋战国，一边有诸子学派的建立，是高级理智的代表；一边有纵横捭阖的功利的风尚，是低级理智的产物。屈原个人对于理智的估价：对于高级的理智，他曾热烈地追求与仰望过，最明显的例子是《天问》的创作；但是对于低级的理智，他却采取了反动与厌恶的态度，甚至否定了它的价值。他对低级的理智说，他是一个十足的唯"情"主义者，所以在低级理智普遍流行的现实社会里，他既不随俗方圆，虚与委蛇，反而摒弃了低级的理智，超越利害的持着的感情的火把，来美化他的生命，照耀与辉煌他的人生。他明知道对楚国爱护的热诚与衷心，在朝廷上是没有人同情与接受的；对楚王忠直的谏诤，是一定会遭遇到可悲的处置的；对邪辟小人的战斗，亦将是徒劳无功的。一切，对他而言仿佛做成一幕可怕的悲剧，但是他也愿在做悲剧的主角时，扮演得更动人些。是以，他对现实是多么执着与留恋？他对现实放射了多少火热的感情？他甚至觉得宇宙的空壳，窒息了他奔放的生命；在时空的系统里，容纳不下他磅礴的感情。所以他有超现实的想象，精神在太空里驰骋。情感是他生命的动力，因此他的人生态度是那么率性与固执；他也为感情而活着，所以他的人生是那么充实与美丽。他不了解低级的理智，更不了解空虚；他只了解生活的肯定和实际生活的欣取。在他的生命领域里，人生是多么真实与亲切；现实是多么高贵与有价值。在他的直觉里，虽然有时也兴起了"国无人莫我知兮"和"哀南夷之莫吾知兮"的人生荒凉与一切渺茫的生命情调，但是他的结论总是"览余初其犹未悔"，表露着战斗与执着的人生趣味。在低级的理智之怒涛泛滥与横溢的时代里，摆脱了低级理智的枷锁，越超了时代功利主义的风尚，而做"感情至上"的肯定，这是他的特殊与伟大处；但也正因此堕入了烦恼障的领域；在他的人生观里没有"超脱"，只有"苦闷"，在他的生命情趣里，没有"安定"，只有"无主"与"彷徨"。他带着一双感情的慧眼，在冰冷、残酷与崇拜低级理智的现实上中，虽然遇到层层的挫折、失败，但是他在另一方面却有奇伟的收获：他把感情照射到宇宙上去，是美丽的意象之显露；把情感照射到大自然上去，是各种颜色的天然图绘之获得；把情感观照到现实上去，感到它的魔力与诱惑；把情感来观照到人生上，觉到它的神秘、生动、矛盾和不平凡。把这几种意象、情趣糅合起来，便是最宝贵的艺术创作。所以说屈赋是时代苦闷的产物，它将随着感情的伟大与高贵，而引归与超升到永恒。

第三章　屈原的作品

结微情以陈词兮，矫以遗夫美人。

——屈原《九章·抽丝》

第一节　屈赋文体之先驱

屈赋文体的特点，是在句中或句末用"兮"字。然考"兮"字之用，在屈赋前之南北文学作品里已有，如北方的《诗经》，南方的《民歌》。这些却做了屈赋文体的先驱了。

一、北方的《诗经》

《诗经》本是黄河流域的东西，为什么说它是屈赋文体的先驱呢？因为屈赋是受过《诗经》的影响的。在春秋时，北方的诸侯国中间，流行着一种风气，那便是读《诗经》，为了说话漂亮，有条理，其目的在培养"出使专对"的本领。所以《论语》

载孔子谓伯鱼曰："不学《诗》，无以言。"又说："诵《诗》三百。授之以政，不达。使于四方，不能专对。虽多，亦奚以为？"此外诸侯聘会宴飨，周旋酬酢之际，往往也是要赋诗的。例如《左传·昭公十二年》说："夏，宋华定来聘，通嗣君也。享之，为赋《蓼萧》，弗知，又不答赋。昭子曰：'必亡。'宴语之不怀，宠光之不宣，令德之不知，同福之不受，将何以在？"可知宴席上赋诗，实在是春秋时诸侯交欢中最重要而且必不可少的仪式了。又诸侯聘问，还有一种仪式，那便是歌词。例如："穆叔如晋，报知武子之聘也，晋侯享之。金奏《肆夏》之三，不拜。工歌《文王》之三，又不拜。歌《鹿鸣》之三，三拜。"（《左传·襄公四年》）"孙蒯入使，公饮之酒，使大师歌《巧言》之卒章。"（《左传·襄公十四年》）"吴公子季札来聘。……请观于周乐。使工为之歌《周南》《召南》。"（《左传·襄公二十九年》）足证这时北方的诸侯国把《诗经》应用到政治上去，可说是政治的诗歌化了。楚国本是南方后起的国家，文物制度，都较北方落伍，所以往往被人家视为蛮夷。（其实楚国也以蛮夷自居，见《左传》及《史记·楚世家》。）后来渐渐强大了，在当时的诸侯中，居然执起牛耳来，于是时常与北方的诸侯国交往，会盟聘问的事自然是常有的。因此他们便感到有讲求文学的必要，后来竟把一部最宜于实用的《诗经》渐渐地读熟了，君臣上下居然也很有些人能引用《诗经》来谈话。例如：

1.《左传·文公十年》，子舟引《诗经》云：

"刚亦不吐，柔亦不茹。"——《大雅·烝民》

"毋纵诡随，以谨罔极。"——《大雅·民劳》

2.鲁宣公十二年,孙叔引《诗经》云:

"元戎十乘,以先启行。"——《小雅·六月》

3.又楚子引《诗经》曰:

"载戢干戈,载櫜弓矢。我求懿德,肆于时夏,允王保之。"——《周颂·时迈》

4.鲁成公二年,申叔跪曰:

"异哉,夫子有三军之惧,而又有'桑中'之喜!"

5.又子重引《诗经》曰:

"济济多士,文王以宁。"——《大雅·文王》

公元前500年前的楚人,已经能够引用《诗经》来谈话,可见屈赋是必然受过北方文学——《诗经》的影响了。因为在《诗经》里,早已发现了屈赋这种体裁,那便是句末用"兮"字(不过用"兮"字的诗并不多,南方民歌用"兮"字的则普遍)。例如:

1."麟之趾,振振公子,于嗟麟兮!"——《周南·麟之趾》

这是每章只有一句用"兮"字的例。

2."摽有梅,其实七兮;求我庶士,迨其吉兮。"——《召南·摽有梅》

这是每两句间一句用"兮"字的例。

3."彼狡童兮,不与我言兮。维子之故,使我不能餐兮。"——《郑风·狡童》

这是每四句中除第三句外,余皆用"兮"字的例。

4."彼采葛兮,一日不见,如三月兮!"——《王风·采葛》

这是全章除中间一句外,余皆用"兮"字的例。

5. "十亩之间兮,桑者闲闲兮,行与子还兮。"——《魏风·十亩之间》

这是全章之中纯连用"兮"字的例。

6. "遵大路兮,掺执子之祛兮。无我恶兮,不寁故也。"——《郑风·遵大路》

这是四句中三句连用"兮"字的例。

7. "山有榛,隰有苓,云谁之思?西方美人。彼美人兮,西方之人兮!"——《邶风·简兮》

这是一章之中,两句连用"兮"字的例。

由上所引诸例,可知《诗经》是屈赋文体的先驱了。尤其是第二例,更是它发祥的根源。不过,天才的屈原,《诗经》的形式对于他,仅有暗示的作用,绝不能限制他,看他终于觉到《诗经》的形式太呆板,不能自由地去达意、表情,所以为适应他诗的新内容起见,乃把《诗经》的形式扩张与变化起来,从《诗经》的短篇文学中解放,而走入诗长篇的自由康庄的大道,这便是屈赋的独特精神之所在了。

二、南方的民歌

春秋时期以前的南方文学,现在无从知道。南方最早的著作,要算老子的《道德经》了。它虽不是南方的民歌,但大半是韵文,极似一种散文的诗歌,颇具南方文学的特点,尤其是好用"兮"字。今在述叙南方的民歌以前,不能不特别提出来一说。

《道德经》的第十四章云：（据魏源撰《老子本义》）"豫兮若冬涉川，犹兮若畏四邻。俨兮其若客，涣兮若冰将释。敦兮其若朴，旷兮其若谷，浑兮其若浊。……"又第二十一章云："道之为物，惟恍惟惚。惚兮恍兮，其中有象；恍兮惚兮，其中有物；窈兮冥兮，其中有精。"

这些句子不但有韵，而且很像《楚辞》的先驱，因为它们有骚体的风味。又《老子》第二十章亦云："我独泊兮其未兆，若婴儿之未孩，儡儡兮若无所归。"把"兮"字用在句中，却做了屈赋《九歌》的前导了。

其次，我们再谈在《诗经》以后的南方民歌吧，今按刘向《说苑》载有最早的楚诗三篇：一首是《子文歌》，一首是《楚人歌》，一首是楚辞诗《越人歌》，我以为《子文歌》与《楚人歌》对屈赋文体的影响较小，所以我是从《越人歌》谈起的。《说苑·善说》篇云："鄂君子皙之泛舟于新波之中也，乘青翰之舟。……会钟鼓之音毕，榜枻越人拥楫而歌，歌曰：'滥兮抃草滥予昌枑泽予昌州州𩜁州焉乎秦胥胥缦予乎昭澶秦逾渗惿随何湖。'（按：此三十二字，不可句读。）鄂君子皙曰：'吾不知越歌，子试为我楚说之。'于是乃召越译，乃楚说之，曰：'今夕何夕兮，搴舟中流？今日何日兮，得与王子同舟？蒙羞被好兮，不訾诟耻。心几烦而不绝兮，知得王子。山有木兮木有枝，心悦君兮君不知！'"（《越人歌》）

按：鄂君子皙是楚康王之弟，故知此歌为前6世纪中叶的东西。其后有《徐人歌》一首。

《新序·节士》篇云："延陵季子将西聘晋，带宝剑以过徐君。徐君观剑不言，而色欲之。延陵季子为有上国之使，未献也，然其心已许之矣。致使于晋，顾反，则徐君死于楚。……于是季子以剑带徐君墓树而去。徐人嘉而歌之，曰：'延陵季子兮不忘故，脱千金之剑兮带丘墓。'"（《徐人歌》）

按《史记·吴世家》载，吴王余祭四年（周景王元年，前544），使季札聘于晋，返国时过徐虽不记年月，但由《吴世家》于下文接叙余祭七年事，则季子于七年前回国也似合理，故假定他挂剑的事在公元前540年前后，《徐人歌》即是此时的产品。

到前5世纪初年，又有三篇诗歌流传下来。其中有两篇是孔子在楚时所听见的。一为《接舆歌》，见《论语·微子》："楚狂接舆歌而过孔子曰：'凤兮，凤兮，何德之衰？往者不可谏，来者犹可追。已而！已而！今之从政者殆而！'"孔子下，欲与之言。趋而辟之，不得与之言。

一首是《孺子歌》，见《孟子·离娄》："有《孺子歌》曰：'沧浪之水清兮，可以濯我缨。沧浪之水浊兮，可以濯我足。'"孔子曰："小子听之，清斯濯缨，浊斯濯足矣，自取之也。"

前一首表现了两种思想的冲突，故《庄子·人间世》也载它，字句略有不同。后一首与屈原的《渔父》所记的歌词一样。由这两首诗歌可见老庄思想在楚国的势力，接舆、孺子都是典型的道家哩。此后数年，又有吴的《庚癸歌》，见《左传·哀公十三年》（前482）："吴申叔仪乞粮于公孙有山氏，曰：'佩玉蕊兮，余无所系之。旨酒一盛兮，余与褐之父睨之。'对曰：'梁则无矣，粗则有之。若登首山以呼曰："庚癸乎！"则诺。'"

这是一首讽刺诗，讥夫差不能与士卒同甘苦。形式方面与

《孺子歌》一样。在四句里，一三句末用"兮"字，二四句末用韵。这实在已经有了骚体的形式了。天才的屈原，凭借了这几首短短的诗歌（其实何用几首，即一首《沧浪歌》就够了），做了他创造的踏脚石，他便由荒凉硗确的此岸，飞跃到满长着鲜花奇草的彼岸，这种新天地的获得与创造，便是屈赋的新体了。

最后谈一谈"兮"字之用法。"兮"字即今日口语之"啊"（清孔广森说，见《经学指南》）。例如《尚书·秦誓》里有"如有一介臣，断断猗无他技"。在《礼记·大学》里引"断断猗"，作"断断兮"。可见"猗"即是"兮"了。又《太甲》篇（伪古文《尚书》）云："惟嗣王不惠于阿衡。"伪《孔传》说："阿，倚也。"孔颖达《五经正义》说："古人所读阿倚同音，故阿亦倚也。"可知古人读兮为阿了。

"兮"为语助词，其用法：一在句限；一在句外。故刘彦和《文心雕龙·章句》篇说："又诗人以兮字入于句限，《楚辞》用之，字出句外。寻兮字成句，乃语助余声，舜咏南风，用之久矣，而魏武弗好，岂不以无益文义耶？"因为"兮"字是语助余声，所以后人计诗句之字数，多不计于内。《文心雕龙·明诗》篇云："按召南行露，始肇半章；孺子沧浪，亦有全曲。"（明五言）钟记室《诗品》总论五言说："夏歌曰：'郁陶乎余心。'楚谣曰：'名余曰正则。'虽诗体未全，然是五言之滥觞也。"可见兮字都不计于句子字数中了。其次，我们把《楚辞》之《怀沙》与《史记·屈传》里之《怀沙》对比，便知《楚辞·怀沙》"兮"字少，《史记》之《怀沙》多"兮"字，两篇的兮字是不相同的。所以说兮字之用否，与文义无涉，仅在求声调之抑扬铿锵，这恰是涵摄着楚声的楚文学物色之所在了。

第二节　屈赋释名

屈平辞赋悬日月。

——李白《江上吟》

一、诗

屈赋在最早称诗。《抽思》："道思作颂，聊以自救兮。"按：颂为诗的体裁之一。如《橘颂》，颂，诗也。《惜往日》："惜往日之曾信兮，受命诏以昭诗。"《悲回风》："介眇志之所惑兮，窃赋诗之所明。"可知凡人可歌诵的文章，均可称为诗。如《东君》："翾飞兮翠曾，展诗兮会舞。"屈赋在当时，也是称为诗的。

二、楚辞

《汉书·朱买臣传》："会邑子严助贵幸，荐买臣。召见，说《春秋》，言《楚辞》，帝甚悦之。"但更有早于此者，见《史记·酷吏列传·张汤传》："买臣以楚辞与助俱幸，侍中，为太中大夫。"由此可断定屈原的文章，在汉武帝时是叫"楚辞"的了。

为什么叫作"楚辞"呢?《隋书·经籍志》讲，因为屈原是楚人，故谓之"楚辞"。又宋黄伯思《翼骚序》云："屈宋诸骚，皆书楚语，作楚声，纪楚地，名楚物，故可谓之'楚辞'。若'些只羌谇''蹇纷侘傺'者，楚语也；悲壮顿挫，或韵或否者，楚声也；沅湘江澧，修门夏首者，楚地也；兰茝荃药，蕙若芷蘅者，楚物也。"（见陈振孙《直斋书录解题·引》）这些理由，都仿佛是隔雾观花，虽然若恍若惚地看出点轮廓，但总没有射摄出它的确切的面貌。按："楚辞"是由"楚声"得名的，"楚"就是指"楚声"，"辞"是楚国的一种韵文的名称。例如项羽的"闻楚歌"。汉高祖也是喜欢楚声的，所以有戚夫人的"为若楚歌"；他自己也有《大风歌》，即是对楚声的模仿。足证楚国是有它的特殊的新声了。考文学与音乐的关系，好像是天成的不可解的两环，它们是永远不能分开的。所以每当各地方在音乐上发生新声的时候，因之反映到文学上来，便是依当地的新声而构成新体了。但是，在音乐与文学相依而发展的过程中，有一最奇怪的现象，那便是"始合终离"。换言之，即是文学上的新体是依音乐上的新声而产生的，然而既产生了，文学与音乐则又渐渐地脱节和分离。打个比方说吧，音乐与文学，最初是同居的兄弟，文学既受音乐的节制，也能具有音乐的性质，是能歌唱的；后来因为兄弟二人发展的方向不同，便分道扬镳了，这即是音乐与文学分离，文学也就失掉了能歌唱的性质。例如，唐人乐府诗唱七绝，有王昌龄等人的"旗亭画壁"故事和王维的"渭城"（阳关三叠，三叠者，绝句第一句唱一遍，二三四句唱两遍，故为三叠）可证。李峤的"山川满目泪沾衣"四句，也正是乐府《汾阴行》的篇末四句呢。至于宋之慢词，更可证明文学与音乐"始合终离"的原则。汉朝的乐府，也有秦楚赵代之讴。故诗可歌，惜今不传了。由这个道理，也可以推知《楚辞》在最初是可以歌唱的。

《朱买臣传》又说："担束薪，行且诵书，其妻亦负戴相随，数止买臣毋歌呕道中。买臣愈益疾歌，妻羞之，求去。"

按：不歌而诵谓之赋，倍（背）读曰讽，以声节之曰诵。由上所引知买臣负薪所"诵"何书，那当然是在唱《楚辞》了。就此更可以推知前面所说的汉武帝召买臣"言《楚辞》"，正是"唱《楚辞》"了。

《太平御览》载刘向书宣帝慕武帝好《楚辞》故事，乃召九江被公，"召见诵读，每读与粥"。又《隋书·集部》记载，释道骞法师撰《楚辞音》一卷，《隋志》云："释道骞能为楚声，音韵清切，至今传楚辞者，皆祖骞公之音。"可见《楚辞》是楚声了。所以说《楚辞》之名，是由"楚声"而来的。

三、骚

《文心雕龙》有《辨骚》篇，此骚包括屈宋全体，非单指《离骚》而言。《文选》亦称《楚辞》为骚。但此尚不为早，早者有郭璞注《山海经》《方言》，称引《天问》《九歌》等篇，不称"楚辞"而曰骚，可见"骚"名是起于晋了。《说文》成于东汉中叶，所引亦称"楚辞"，而不曰骚。骚之名，不独在南朝齐梁时盛行，即在北朝亦然。如郦道元之《水经注》，其称引亦曰骚。

四、赋

此名始于班固。《汉书·艺文志》："屈原赋二十五篇。"

五、经——离骚经

此称呼之起，今尚不知何时。《史记》称《离骚》，在汉武帝时尚未称"经"。至王逸注《楚辞章句》始称经。但王逸实依据刘向，故"经"字假定为刘向所加的。

总之，称《诗》者是泛称，称《楚辞》者以声称，称《离骚》者以情称，称《赋》《经》者以尊称。（因赋能随诗后，即《诗》三百篇之势衰，在汉变为屈赋之时代了。）

第三节 屈赋的篇目

只眼须凭自主张，纷纷艺苑漫雌黄。矮人看戏何曾见？都是随人说短长。

——赵翼《论诗》

《汉书·艺文志·诗赋略》载屈原赋二十五篇，这个数目的算法很多，兹举其要者如下：

（1）以《九歌》为十一篇，加《离骚》《天问》《远游》《卜居》《渔父》及《九章》九篇为二十五篇。此说王逸、朱熹等主之。

（2）以《九歌》为九篇（《国殇》《礼魂》两篇不在内），加《离骚》《天问》《远游》《卜居》《渔父》《大招》《惜誓》及《九章》九篇为二十五篇。此说为宋姚宽所创。（见《西溪丛语》）

（3）以《九歌》为十篇（以《礼魂》为送神之曲，为前十章所通用），加《离骚》《天问》《远游》《招魂》《卜居》《渔父》及《九章》九篇为二十五篇。此说明王夫之所创。（见《楚辞通释》）

（4）以《九歌》中《山鬼》《国殇》《礼魂》三篇合为一篇——仍为九篇，加《离骚》《天问》《远游》《卜居》《渔父》《大招》《招魂》及《九章》九篇为二十五篇，此说清林云铭主之。（见《楚辞灯》）

（5）以《九歌》中的《湘君》《湘夫人》合为一篇，《大司命》与《少司命》合为一篇——仍为九篇，加《离骚》《天问》《远游》《卜居》《渔父》《大招》《招魂》及《九章》九篇为二十五篇。此说清蒋骥主之。（见《山带阁注楚辞》）

（6）刘梦鹏在《屈子章句》里，主张很特别：①《离骚》一篇，②《九歌》十一篇（篇目及次序与通行本同），③《卜居》一篇，④《天问》一篇，⑤《招魂》一篇，⑥《哀郢》《九章》九篇

（首《哀郢》，次《抽思》，次《橘颂》，次《思美人》，次《悲回风》，次《涉江》，次《惜往日》，次《惜诵》，末为《远游》），⑦《怀沙》一篇（包括《渔父》），共二十五篇。

在上述的六说当中，后面的五说，有的把《九歌》妄加伸缩（姚宽干脆取消《国殇》《礼魂》两篇，更无道理），有的任己意颠乱屈赋的次序，也有的把后人的作品附会到屈原的身上去，其为武断与谬误，至为明显。所以我是主张王逸与朱熹的说法的，不过也微有不同。

在王逸注《楚辞章句》和朱熹的《楚辞集注》里，关于屈赋的篇目：《离骚》，《九歌》十一篇——《东皇太一》《云中君》《湘君》《湘夫人》《大司命》《少司命》《东君》《河伯》《山鬼》《国殇》《礼魂》《天问》，《九章》九篇——《惜诵》《涉江》《哀郢》《抽思》《怀沙》《思美人》《惜往日》《橘颂》《悲回风》，再加上《远游》《卜居》《渔父》，共为二十五篇。但《史记·屈贾列传》后太史公赞曰："余读《离骚》《天问》《招魂》《哀郢》，悲其志。"可见在《史记》里，《招魂》被认为是屈原的作品了，这和王逸的见解不同。王逸以为《招魂》是宋玉所作，作来招屈原之魂的。所以王逸在《楚辞章句》说："《招魂》者，宋玉之所作也。宋玉怜哀屈原，忠而斥弃，愁懑山泽，魂魄放佚，厥命将落，故作《招魂》，欲以复其精神，延其年寿……"然据我的看法，是不同意王逸的意见的，而以《史记》的说法为准，断定《招魂》是屈原作的，不是屈原自招（林云铭认为是屈原自招——见《楚辞灯》），而是他来招怀王之魂的。我的理由：

　　第一，就书籍的时间先后来说。《史记》在先，王逸注《楚辞章句》在后，按考证古代事实的律则：是书籍愈早（去古愈近），它的记载是愈较可靠的。因此，反观太史公作《史记》时，距屈原之死不到两百年，故对屈原的记事，比较可信；王逸则生在东汉，离屈原之死已久，他所得到的关于屈原的材料，都是辗转的传闻，较之《史记》的记载，当然是比较不可靠了。所以我说应该从《史记》的说法。

　　第二，就《招魂》的内容来说。我们知道当怀王客死于秦的时候，屈原作《招魂》，表示他期君归来的怀念，也是很自然的事。把他这种意识反映到文字里去，所以《招魂》的内容，呈现了两种境界：一极人间之可怖；一极人间之可悦而已。他叫怀王不要上东方去，因为东方"长人千仞""十日代出"；他叫怀王不要到南方去，因为南方"雄虺九首，往来倏忽，吞人以益其心些"；他叫怀王不要上西方去，因为西方"赤蚁若象，玄蜂若壶些"；他叫怀王不要到北方去，因为北方"增冰峨峨，飞雪千里些"；他叫怀王不要上天去，因为天上"一夫九首，拔木九千些；豺狼从目，往来侁侁些"；他叫怀王不要到地下去，因为幽都"土伯九约，其角觺觺些"。上下四方都是如此可怖，所以叫怀王最好回到楚国来："入修门些！""反故居些！"看"故居"是多么好呢：论衣饰则有"秦篝齐缕，翡翠珠被"；谈宫室则有"高堂邃宇，层台累榭"；言饮食则有"胹鳖炮羔，鹄酸臇凫"；论女乐则有"姱容修态，蛾眉曼睩""美人既醉，朱颜酡些"；言歌舞则有"涉江采菱，吴歈蔡讴"；谈博弈则有"蒇蔽象棋，分曹并进"。极人间物质豪华的享受，即是极人间可悦之境。这种对上下四方各地方的厌恶，却美化了楚国，圣化了楚国，肯定楚国是美满的乐土与人间的天堂的情调，只有热爱着楚国的屈原，在他的心之喷泉里，才能溅起如此水珠与浪花；绝不是"怜哀屈原，忠而斥弃"的宋玉——文人骚客的宋玉，所能体会到与想象到的。此其一。再看所谓"故居"的用品与陈设，完全表明了一种典型的豪华之宫廷生活，只有"君王"之身份，才与它相衬，二者始可以交辉出一种富丽的美来。这不是屈原的"故居"生活，虽然他曾为怀王左徒，做过三闾大夫，抑又进者，假若我们说《招魂》是宋玉招屈原的，或者是屈原的"自招"，实无异于对于我们自己的想象力甚或人格的侮辱：因为屈原留恋楚国，怀念楚国，愿意回到楚国来，绝不是因为楚国对他而言有一种很好的物质享受；反之，是出于一种爱国的热诚和衷心。他痛恨奢侈腐化的生活，所以说"众皆竞进以贪婪兮，凭不厌乎求索"。他表明他自己的生活态度，所以说"忽驰骛以追逐兮，非余心之所急。老冉冉其将至兮，恐修名之不立"。他这种高洁的清白的超越物质界和器世界的志趣，我们忍心说《招魂》是招屈原的，以那种豪奢的物质生活为饼饵，来玷污他的纯白的人格和灵魂吗？他对上下四方的厌恶和肯定楚国是乐土，不也是对楚国的过分的热爱之象征吗？他厌恶上下四方，正显示了楚国四周的列强对它的一种威胁与迫害。他以楚国为乐土，也正是他"鸟飞反故乡兮，狐死必首丘"的对祖国的热爱之吐露。此其二。所以说《招魂》是屈原作的。

第三，就《招魂》的文字来说。《招魂》的《乱》辞里说：

"献岁发春兮，汨吾南征……与王趋梦兮，课后先，君王亲发兮，惮青兕……魂兮归来，哀江南！"可知被招的是"王"，而与招者的"吾"很明显是两人了。所以说，这绝不是宋玉来招屈原之魂，也不是屈原来招自己的魂；而是屈原来招怀王之魂的。

由以上的论证，既然断定《招魂》是屈原作的，作于顷襄王三年，来招怀王之魂的，那么，屈赋不就变成二十六篇（王逸注《楚辞章句》屈赋二十五篇，再加《招魂》一篇）了吗？与《汉书·艺文志》屈赋的篇数不就抵触了吗？我说不然。因为王逸所谓屈原作的《远游》是有问题的——依我看，《远游》是后人所作。这样就是说，去掉了《远游》，补上《招魂》，屈赋仍然还是二十五篇。

第一，《远游》就文辞上说，是拆散《离骚》而成的。例如：

（一）"长太息以掩涕兮，哀民生之多艰。"——《离骚》

"惟天地之无穷兮，哀人生之长勤。"——《远游》

（二）"日月忽其不淹兮，春与秋其代序。惟草木之零落兮，恐美人之迟暮。"——《离骚》

"恐天时之代序兮，耀灵晔而西征。微霜降而下沦兮，悼芳草之先零。"——《远游》

（三）"夕归次于穷石兮，朝濯发乎洧盘。"——《离骚》

"朝濯发于汤谷兮，夕晞余身兮九阳。"——《远游》

（四）"吾令帝阍开关兮，倚阊阖而望予。"——《离骚》

"命天阍其开关兮，排阊阖而望予。"——《远游》

（五）"朝发轫于苍梧兮，夕余至乎县圃。"——《离骚》

"朝发轫于太仪兮,夕始临乎于微闾。"——《远游》

(六)"屯余车其千乘兮,齐玉轪而并驰。驾八龙之婉婉兮,载云旗之委蛇。"——《离骚》

"屯余车之万乘兮,纷容与而并驰。驾八龙之婉婉兮,载云旗之逶蛇。"——《远游》

(七)"凤皇翼其承旗兮,高翱翔之翼翼。"——《离骚》

"凤皇翼其承旗兮,遇蓐收乎西皇。"——《远游》

(八)"纷总总其离合兮,斑陆离其上下。"——《离骚》

"叛陆离其上下兮,游惊雾之流波。"——《远游》

(九)"驷玉虬以桀鹥兮,溘埃风余上征。"——《离骚》

"载营魄而登霞兮,掩浮云而上征。"——《远游》

(十)"前望舒使先驱兮,后飞廉使奔属。鸾皇为余先戒兮,雷师告余以未具。"——《离骚》

"时暧暧其曭莽兮,召玄武而奔属。后文昌使掌行兮,选署众神以并毂。"——《远游》

(十一)"路漫漫其修远兮,吾将上下而求索。"——《离骚》

"路漫漫其修远兮,徐弭节而高厉。"——《远游》

(十二)"陟升皇之赫戏兮,忽临睨夫旧乡。仆夫悲余马怀兮,蜷局顾而不行。"——《离骚》

"陟青云以泛滥游兮,忽临睨夫旧乡。仆夫怀余心悲兮,边马顾而不行。"——《远游》

(十三)"乘骐骥以驰骋兮,来吾道夫先路!"——《离骚》

"召黔嬴而见之兮,为余先乎平路。"——《远游》

此外零星的抄袭和句法的模仿还有好几处，不一一列举了。在屈原的作品中，本来也间或有相同的词句和字面，但是没有这么多。试问一个人的作品中，如何有这样多的重复抄袭的句子呢？因此我们可以看出《远游》的作者，是以《离骚》来作蓝本的。（这是就文章的形式说。不过形式的论证，有时候也是引导着人走入错误之门的，故须与内容配合。）

第二，就《远游》所表现的思想说。它是道家阴阳家的宇宙观的扩大，中间涵容着老庄的超现实社会，沉醉于乌托邦的虚无缥缈的气态，这绝不契合于屈原的思想体系。我们知道屈原的思想，是对老庄思想的反动，在表面上看很像儒家的狂者进取之精神，表现了极端的忠君爱国的伦理思想。但是再深入一层去看，就可以发现这仅是他的一种创造和生命力的冲动，杂糅了一种不可救药的矛盾的对现实执着的天才狂，所必然有的结果。所以他的人生观是：不要"静"，只要"动"；不要"理"，只要"情"；不要"超脱"，只要"苦闷"；不要超升"太初"，只要留恋"现实"……而《远游》的思想表现，正指出了这种人生观的反面，和屈原的思想恰成了矛盾的对应。《远游》的作者是远离了"动"而主张"虚静"的，虽有时也表现了动，但那仅是为追求永恒的静的手段。所以说："漠虚静以恬愉兮，澹无为而自得。""一气孔神兮，于中夜存。虚以待之兮，无为之先。"他又主张唯"理"去"情"，所以说："神倏忽而不反兮，形枯槁而独留。内惟省以操端兮，求正气之所由。"他又主张出世慕仙，解脱现实的苦闷烦恼，追求心灵的快乐。所以说："闻赤松之清尘兮，愿承风乎遗则。""贵真人之休德兮，美往世这登仙。""奇传说之托辰星兮，美韩众之得一，形穆穆以浸远兮，离人群而遁逸。""超氛埃而淑邮兮，终不反其故都，免众患而不惧兮，世莫知其所如。""轩辕不可攀援兮，吾将从王乔而娱戏。""见王子而宿之兮，审一气之和德。""仍羽人于丹丘兮，留不死之旧乡。"他更渴慕着摆脱现实，超升到一块远离人间的乐土，所以他开首就说："悲时俗之迫阨兮，愿轻举而远游。"表示了他对人世的厌恶和超尘的企图。"载营魄而登霞兮，掩浮云而上征。"他终于开始了他的超升的工作。他上天去"造旬始而观清都"；上东方"吾将过乎句芒"；上西方"遇蓐收乎西皇"。"欲度世以忘归兮，意恣睢以担挢。内欣欣而自美兮，聊媮娱以淫乐"，正是表示了他这种超尘遨游的愉悦。但是，就在获得了这种愉悦的刹那，却产生了心灵内的矛盾与痛苦，所以说："陟青云以泛滥游兮，忽临睨夫旧乡。仆夫怀余心悲兮，边马顾而不行。"（这一点倒很像是屈原的思想。）然而他又一转念间超越了这一种矛盾与痛苦，由"思旧故以想象兮，长太息而掩涕"，进入了"氾容与而遐举兮，聊抑志而自弭"的一种更高的愉悦境界，终于又超升到"下峥嵘而无地兮，上寥廓而无天。视倏忽而无见兮，听惝恍而无闻。超无为以至清兮，与泰初而为邻"的永生的"道"的超越之领域。这是十足的老庄的精神，绝不是屈原的思想。所以洪兴祖《补注》说："按《骚经》《九章》，皆托游天地之间，以泄愤懑，卒从彭咸之所居，以毕其志。至此章独不然，初曰'长太息而掩涕'，思故国也；终曰'与泰初而为邻'，则世莫知其所如矣。"也正是对这篇所谓"屈原的思想"，产生了怀疑。不过洪氏没有公开地说《远游》不是屈原的作品罢了。其次，我们再看这篇所用的文辞（前面引用过的不再引）：一方面闪耀着老庄的语句；一方面也交辉着方士和阴阳家的语言。如："毋滑而魂兮，彼将自然。""庶类以成兮，此德之门。"像这里说的"自然""此德之门"，再加上前面所说的"虚静""无为""得一""无为之先""载营魄"，哪一个不是老聃的熟语？"泰初"则更是庄周习用的语言！又如："因气变而遂曾举兮，忽神奔而鬼怪。""餐六气而饮沆瀣兮，漱正阳而含朝霞。保神明之清澄兮，精气入而粗秽除。"看他说的"登仙""曾举""不死"，这简直是"方士"的论调；若"求正气""漱正阳""保神明"，更是炼丹家的措辞。试问这黄老的修炼之术，在屈原的时代，哪里会有呢？至于"道可受兮，而不可传。其小无内兮，其大无垠。毋滑而魂兮，彼将自然。一气孔神兮，于中夜存。虚以待之兮，无为之先。庶类以成兮，此德之门"，更道破了神仙的要诀，这又不是屈原所能体会到的了。所以说，就《远游》的思想来看，可以断定这篇一定是出自一位对老庄精神有深湛的冥会，对方士与阴阳家的思想有精邃的获得的人之手。

第三，就《远游》所举的仙人名说。如韩众（韩终，是秦始皇时的方士，于秦始皇三十二年同侯公、石生一起求仙人不死之药的）、王乔等，大都是屈原时所无，故为后人所伪托无疑。

黄老的思想在哪一个时代最盛呢？我们知道黄老之学，经过了战国的兵乱，浮载着人心灵之痛苦；度过了嬴秦的严刑峻法，融摄着人类意志自由之要求，所以到了西汉初年，它毕竟大盛起来了。如曹参相汉，即是以黄老为治的。所以百姓歌之云：

"载其清静,民以宁一。"《史记·外戚世家》云:"窦太后好《黄帝》《老子》言,帝(景帝)及太子诸窦,不得不读《黄帝》《老子》,尊其术。"太史公自叙载其父谈批评六家要旨,各有微词,独于道家他称"立俗施事,无所不宜"。可见黄老之学,在汉初势力之大了。但是物极必反,就在它这股汹涌澎湃的怒潮里,却又发生了逆流的冲击,那便是汉武帝的"尊崇儒术,罢黜百家",这样,道家的势力,当然遭受了政治上无情的遏止了。它在当时人心目中的地位,也就如奇突排山的高浪,渐渐地平复下来变为低潮了。所以根据黄老之学的盛衰起伏,我断定《远游》是武帝以前的人所作的。

但是,问题又产生了,这便是《远游》与司马相如《大人赋》的纠葛。因为在这两篇里,发现了许多相同的词句。例如:

(一)"悲时俗之迫阨兮,愿轻举而远游。质菲薄而无因兮,焉托乘而上浮。"——《远游》

"悲世俗之迫隘兮,揭轻举而远游。乘绛幡之素蜺兮,载云气而上浮。"——《大人赋》

(二)"驾八龙之婉婉兮,载云旗之逶蛇。……服偃蹇以低昂兮,骖连蜷以骄骜。"——《远游》

"驾应龙象舆之蠖略逶丽兮,骖赤螭青虬之蚴蟉蜿蜒。低卬夭蟜据以骄骜兮,诎折隆穷躩以连卷。"——《大人赋》

(三)"祝融戒而跸御兮,腾告鸾鸟迎宓妃。"——《远游》

"祝融惊而跸御兮,清雾气而后行。"——《大人赋》

(四)"指炎神而直驰兮,吾将往乎南疑。"——《远游》

"使勾芒其将行兮，吾欲往乎南嬉。"——《大人赋》

（五）"舒并节以驰骛兮，逴绝垠乎寒门。"——《远游》

"迫区中之隘陕兮，舒节出乎北垠。遗屯骑于玄阙兮，轶先驱于寒门。"——《大人赋》

（六）"下峥嵘而无地兮，上寥廓而无天。视倏忽而无见兮，听惝恍而无闻。"——《远游》

"下峥嵘而无地兮，上寥廓而无天。视眴眠而无见兮，听惝恍而无闻。"——《大人赋》

此外零星相同的句子也很多，两篇的结构在大体上说也是一样的。那么这两篇到底是谁抄谁的？即是说，哪一篇在前呢？我的看法是：《远游》在前，《大人赋》在后。

第一，就两篇的结构上说，虽然大致相同，但是在想象与境界的虚构上，却有层次的高低之不同。《远游》的境界高，变化多（这不包括辞藻的纯质朴实，或绮丽繁缛），它能发掘到人性灵的深处；《大人赋》却没有这样高超的平面，倏忽幻变的博大景象，对人性灵的发掘，也没有《远游》那么深邃。例如这两篇就题目的命意上说，《大人赋》比《远游》已经降低了不少的平面。《远游》的作者意思是在浑浊之世，找一个超现实的美朴的可以安顿他灵魂的乐土；即是要离开倾轧动荡的现实世界，去超升到一个宁静的无悲欢情欲的绝对的精神领域；也可以说丢弃方生方死变动无常的物质世界，去追求永恒不变的长生的"道"的宇宙。这自然是人类自由的心灵至崇高的显现了！《大人赋》的主旨，却在讽谏武帝不要求仙。《史记·司马相如列传》

说："相如以为列仙之传居山泽间，形容甚臞，此非帝王之仙意也。"所以他侈丽其词，描写得天花乱坠，无非要折武帝以最后两句所含的一点极轻微且不自然的意义。因此，在《远游》里涵容了一种严肃的人类渴慕永生的价值之真理，是从人的烦闷、彷徨无主的心之深处，发出来的声音；相如在《大人赋》里却是一种炫耀耳目的幻想曲，缺乏一种必需的不可避免的内在的确信。不信的话，我们比较这两篇的开端和结尾吧。

《远游》是带着一种强烈的颤动开始的："悲时俗之迫阨兮，愿轻举而远游。"是作者的灵魂直接对我们灵魂倾诉的声音。《大人赋》却冷冷地说："世有大人兮，在于中州。"这分明是凭空杜撰的，不独隔膜，而且有几分牵强，是间接地诉诸我们的理智的。其次，《大人赋》的劣点，尤其是在结尾。看《远游》的结尾是："超无为以至清兮，与泰初而为邻。"这是何等超绝、旷邈、悠远的景象？不独和全诗的氛围吻合无间，简直可以说把浩瀚的意境和灵象延至无穷，这时诗人的灵魂已和永恒合体了。《大人赋》却说："乘虚无而上遐兮，超无有而独存。"这一方面说超升到了超时空的境界，向往着宇宙不生灭的道体；一方面却又以"独存"为自得，以"独存"为高傲，这又未免"管仲之器小哉"了。但是这不仅表现了他的"器小"，并且因为他肯定了"独存"，所以是依"独存"而生出对待的，便是"众存"，也就是肯定了人我彼此的区分。那么，这样便永远地不能和宇宙的永恒合体了。这还能说超升到宇宙的"道"的顶层极峰吗？所以只要我们看了"与泰初而为邻"和"超无有而独存"这两句话，这两篇的境界之高低，便可评定了。所以我说《大人赋》不如《远游》。

第二，就两篇的内容上说，《远游》从开始到终结，刻画出了人类从烦琐到超脱的一个深邃的心理过程。"时俗之迫阨"固然引起了人超尘的动机；但是，"惟天地之无穷兮，哀人生之长勤。往者余弗及兮，来者吾不闻"，对宇宙人生荒凉的感觉，实在更是迫使人超脱的根本。所以《远游》指出了人在超脱前心灵里经过了一阵苦闷的酝酿，经过了一阵情理的混战，由道家的禁欲苦修，转变到慕仙与超尘遨游，终止于与泰初而为邻，获得至高无上的愉悦的"道"之灵境。这完整地代表了人生的"静"的一面。《大人赋》则不然，它不是代表了静的人生观由发生到建立成体系的一个过程，而是仅仅说明了里面的某两部分：由慕仙与超尘遨游到"超无有"的领域。它忽略了人从遗弃现实到皈依、到超现实在心灵里所经过的矛盾、苦痛、情理混战的阶段；虽然也轻轻地提到一句"悲世俗之迫隘兮"的至表相的话。所以说在人性的了解上，《大人赋》没有《远游》深刻；在人的幽深的心理把握上，《大人赋》也没有《远游》那么完全。如说《大人赋》有一个优点，那就是辞藻较《远游》丰赡、富丽，造句也比较整饰。这或者也是哲人之赋与词人之赋的分野所在吧。也可以说"踵事增华"，《大人赋》是比较后起的作品之故了！因为赋至相如，已经走上重词采，而文胜于情的道路。换言之，就是形式代替了内容。在《远游》与《大人赋》的对比里，恰好给予这话一种有力彰著的证明。

所以我说，《远游》是汉武帝以前的时代的人的作品，《大人赋》是武帝时的作品。这两篇相同的词句，是相如抄袭《远游》的（抄袭，或者比较合理的说法是利用前人的作品来表现自己的思想。对于这办法，古人或真正的诗人并不像现在的人那么重视，试看宋玉在《九辩》里，不就有许多抄袭"屈赋"的地方吗？所以"抄袭"并不见得对相如在文学上的地位有什么贬值）。但是，也有的人同样看出了《远游》不是屈原的作品，而这篇又与《大人赋》的词句，有许多相同的地方，又因为相如是"汉赋"的权威，在权威的面前，当然不便说相如抄袭《远游》的词句了，所以就说《远游》是抄袭《大人赋》的（自然是没有直接的证据）。也有的人说《远游》是《大人赋》的初稿。前说不驳自倒，后说却有一辩的必要。我们不要忘了汉武是"尊崇儒术，罢黜百家"的皇帝；我们也不要忘了《远游》是涵摄着十足的老庄思想的作品。相如是什么人？在那君主极端专制的政体里，胆敢违背上之所好，作洋溢着老庄思想的文章，以为进献之准备，这不是违犯法令，自取祸殃吗？（无论武帝是否真正尊崇儒术，罢黜道家，但是表面的功令总应该维持其尊严的。）根据这个推理，可以断定《远游》不是《大人赋》的初稿。况且前面已经说过，在内容与境界上，《远游》比《大人赋》高超得多呢！试想文章还有愈炼愈坏的吗？（尤其是相如，当然有鉴别好坏的能力。）这也可以作《远游》不是《大人赋》初稿的证明。

　　《远游》既不是屈原的作品，也不是《大人赋》的初稿，那么，它的作者是谁呢？我们的回答是"不知道"。我想古人没有现在人这么功利，文章作了就算了，不一定要留下大名；何况《远游》的作者，是精于老庄的人，在他看来，"浮名"又算得了什么。不过，他的时代，我可以断定是在武帝以前的。

胡适在他的《读楚辞》里，也依照他的意见，将屈赋二十五篇（他是连《招魂》《大招》也算的）按照时代整理如下：

（1）最古的南方民族文学　　《九歌》

（2）稍晚——屈原？　　　　　《离骚》

　　　　　　　　　　　　　　《九章》的一部分

（3）屈原同时或稍后　　　　《招魂》

（4）稍后——楚亡后　　　　《卜居》《渔父》

（5）汉人作的　　　　　　　《大招》《远游》

　　　　　　　　　　　　　　《九章》的一部分

　　　　　　　　　　　　　　《天问》

胡先生列的这个表，我们大部人是不赞同的，除了《远游》是汉人作的这一点以外。今分论如下：

第一，辩《九歌》。

（1）释名。《东皇太一》至《礼魂》共十一篇，而名"九歌"者何也？清顾成天《楚辞九歌解》将《湘君》《湘夫人》合为一篇，《大司命》《少司命》亦合为一篇，以足九数。又刘梦鹏《楚辞章句》删除《湘夫人》《少司命》之篇名，称《湘君前后篇》《司命前后篇》，以足九数，其实非也。按"九歌"为乐章名与"九"字无涉。如在《离骚》中云："启《九辩》与《九歌》兮，夏康娱以自纵。"又云："奏《九歌》而舞《韶》兮，聊假日以媮乐。"可知《九歌》与《九辩》均为乐章，九非八九之九。所以此十一篇为并列了。考《楚辞》以数字名篇的，始终《九章》，盖疑为西汉刘向所定，集屈原杂文九篇，因以为名者也。如司马迁在传文中称《怀沙》于赞称《哀郢》，均不言《九章》可证了。

（2）辩《九歌》作者不出于屈原之谬误。胡适先生以《九歌》为最古的南方民族文学，疑《九歌》不出于屈子，以《九歌》为《离骚》文体之先驱，故应为屈原以前之作品。他的理由：以为依文学史的发展，应先有《九歌》短篇，后有《离骚》长篇，此《九歌》出于民间祀歌，为当时湘江民族的宗教舞歌。但：其一，以量之大小，何能定文之先后？作短诗者亦不能决定其不作长篇。如杜甫诗有律绝，但也有如《北征》之长篇，吾人能见《北征》而否认其律绝短篇非出于工部耶？由是若谓屈原只作长篇而不作短篇，孰与彼订契约耶？其二，诗在文学史上之发展，虽由短句至长句，短句之时，无长句之作。然既有长句之后，短句自可并存。故屈原作六七言之《离骚》，亦可作五六言之《九歌》。设谓《九歌》短句必在前，《离骚》长句在后，如是则唐人只可作七言诗，不能作五言了。

（3）辩《九歌》内容不为神曲，更不为沅湘间之神曲。王逸以为沅湘之间，其俗信鬼而好祀，其祀必作歌乐鼓舞，以乐诸神。屈原出见俗人祭祀之礼，歌舞之乐，其词鄙陋，因而作《九歌》之曲。非也。其一，在《九歌》里神之种类繁多，天神地祇人鬼三者均有。按神的产生有地方性，也可说神是地方的象征。因之，南方的神，北人不祀，反之亦然。如江淮间有祠山张大帝，南京有都天大帝，北方是无这些神的。泰山有碧霞元君，他处亦不祀。福建祭天后林氏，可佑航海平安。黄河处居民，祀金龙四大王谢氏；四川则祀川主李冰。均可为神有地方性之征。反观《九歌》中诸神，则包有各地。巫为沟通人神间之关系，各国之巫，祀各国之神，有专利权，不能混乱。《史记·封禅书》云："晋巫，祠五帝、东君、云中君、司命、巫社、巫、族人、先炊之属。"《索隐》：东君为日神；云中为云神；司命见《周礼》，以櫄燎祠司命。《周礼》注：司命为文昌四星。此北神而《九歌》中有之者，以上乃就天神言之也。至于地祇，湘君为湘江之神，是南神，但河伯则为北神（黄河的神，称为河伯）。《封禅书》云："河巫祠河于临晋。"又《左传·哀公六年》说："楚昭王有疾，卜曰：'河为祟。'王弗祭。大夫请祭诸郊。王曰：'三代命祀，祭不越望。江汉雎漳，楚之望也，祸福之至，不是过也。不穀虽不德，河非所获罪也。'遂弗祭。"由楚昭王语，楚人向不祭河可知矣。是就地祇言之也。况屈原时顷襄都于陈（河南淮阳），离沅湘之间甚远，故王逸所云《九歌》为楚民间祀神之歌，不攻自破了。其二，就文意中求之。其中写人神之恋慕与追求，多渎神之辞。以之乐神，适足见怒耳！故云非祀神之曲，民间之作，而为屈原抒情之歌也。《九歌》写神范围广博，盖以屈原常出于齐，足迹遍南北，能于忧愤之中，虚无缥缈，熔各地之神于一炉，以抒其情耳。

（4）辩《九歌》之时代。《九歌》之作也，绝迟于《离骚》，非其年轻时代之作品，由其思想中观之，仍为《离骚》系统。如《湘君》等篇所述之人神关系，恰如《离骚》之求女，结果依然是矛盾与失望。次如对《国殇》之赞美，亦为《离骚》中不愿离楚之精神, 即"虽九死其犹未悔""虽体解吾犹未变兮"之精神了。次如对东西方向之神爱憎不同, 亦如对齐秦好恶观感。《东君》说:"举长矢兮射天狼, 操余弧兮反沦降, 援北斗兮酌桂浆。"戴震注云:"天狼一星, 弧九星, 皆在西宫; 北斗七星, 在中宫。《天官书》: 秦之疆也, 占于狼弧。此章有报秦之心, 故与秦分野之星言之。由是知《九歌》之作, 在怀王入秦不返之后。"《山鬼》为写辰沅之景, 与《九章·涉江》中溆浦之景色相同。譬如《山鬼》的景色是: "表独立兮山之上, 云容容兮而在下。杳冥冥兮羌昼晦, 东风飘兮神灵雨。……雷填填兮雨冥冥, 猿啾啾兮狖夜鸣。"《涉江》的景色也是:"深林杳以冥冥兮, 乃猿狖之所居。山峻高以蔽日兮, 下幽晦以多雨。霰雪纷其无垠兮; 云霏霏而承宇。"

可见溆浦之写, 即辰沅之射影。《山鬼》与《涉江》对辰沅峻山幽林的浩瀚景象之图绘, 可谓表里相映矣。《涉江》即是屈子晚年被放逐江南时的作品, 故《山鬼》亦应作于此时。总之, 屈原以写《离骚》长篇的功力, 运于《九歌》之短篇中, 则此文章之精美为何如也。

故曰:《九歌》为屈原所作, 非祭神曲而为抒情诗, 时代在《离骚》之后。

第二, 辩《天问》。

(1)辩《天问》不出于屈原之谬误。胡适之先生说:"《天问》文理不通, 见解卑陋, 全无文学价值。我们可断定此篇为后人杂凑起来的。"并且他假定此篇为汉人所作。其实非也。考《天问》之名, 最早见于《史记》, 它主张是屈原的作品。《本传》太史公赞曰："余读《离骚》《天问》《招魂》《哀郢》，悲其志。"按：太史公距屈原时甚近，现在流传的"屈赋"，纵使不免有后人伪托的，然而见于《史记》的几篇，总可相信。胡先生在《读楚辞》里不是曾经承认《离骚》是屈原作的吗？为何独把这篇与《离骚》并举的《天问》否认是屈原的作品呢？胡先生又何厚于《离骚》，而薄于《天问》？真叫人不解。至于他所持的理由，今反驳如下：

其一，《天问》不是文理不通，而是后人不了解。因为中国古代的史书也是有南北的分别的，现在流行的史书，都是根据北方的。南楚也有楚史书籍，如楚灵王左史倚相，能读"《三坟》《五典》《八索》《九丘》"。此种楚书现在是失传了，所以有很多的神话传说，在屈原那个时期的楚国是很流行的，屈原把它们引用到《天问》里，但后来这些神话传说随着楚书也失传了，而《天问》又以文章过于简单，本身表示怀疑的态度，没有充分叙述，故不容易明了。从前就有人认为是有脱误的。至胡先生更进一步说它文理不通，以此而否认它是出自屈原之手，这真是"冤枉"！试问《天问》文理不通的原因，是它本身不通呢，还是我们不够了解它？看《天问》中记的史迹，与甲骨卜辞是相符合的。例如："该秉季德，厥父是臧。胡终弊于有扈，牧夫牛羊？""恒秉季德，焉得夫朴牛？"我们如不懂得此中的故事，当然与看天书一样，说它不通了。从前王国维先生发现了这个故事，说"该"是人，"恒"也是人，"季"也是人。即卜辞里面的王亥、王亘和季。王亥、王亘是兄弟，季当即勤其官而水死的冥了。王亥的故事见

《山海经》与《竹书纪年》。《山海经》(《大荒东经》)上说"王亥托于有易、河伯仆牛,有易杀王亥,取仆牛"。郭璞注引《竹书纪年》云:"殷王子亥宾于有易而淫焉,有易之君绵臣杀而放之。是故殷王甲微假师于河伯,以伐有易。克之,遂杀其君绵臣也。"明了这一个故事,才把《天问》上"该秉季德""恒秉季德"讲得通。可见胡先生所谓"《天问》文理不通"者,并不是它本身的文理不通,而是我们不了解它引用的古代神话传说和失传的古代史迹罢了。试想我们能因为限于材料而不了解它,便说它文理不通吗? 退一万步说,即使《天问》文理不通,这也不能作为否认《天问》是屈原作品的理由。(因为古书在流传中是常发生文字上的错误的。)假若将来地下发掘出来的东西多一些,能够印证,我们知道的古史愈多,《天问》的文理,或许更通顺一些吧。

其二,不是《天问》见解卑陋,全无文学价值,而是后人不够了解它。《天问》是中国两千余年来最奇特最富于独创性的好文章,全篇以一"曰"字领头,通体用问语,一口气提出了一百七十二个问题,上半篇问自然界,下半篇问古史事情。以四字一句的形式,把疑问蝉联而下,却丝毫不觉得单调,问得那么参差、利落、自然、不板滞,又那么错综变化,却又并非无条理可寻,真是表现出了极高的惊人的艺术手腕。以如此奇妙的文章和凭凌宇宙、睥睨古今的高明见解,何以胡先生说它见解卑陋,全无文学价值呢? 这一点也叫人不解!

其三,胡先生说《天问》是后人杂凑的,或者是上了王逸的当吧。王逸《〈天问〉序》云:"楚人哀惜屈原,因共论述,故其文义不次序云尔。"这话好像说《天问》是后人缀辑的，并非屈原自作。其实王逸的话，荒谬可笑的地方很多，比如他在《〈天问〉序》里前面说："屈原放逐，忧心愁悴，彷徨山泽。"后面又说："见楚有先王之庙，及公卿祠堂。"（按：先王之庙及公卿祠堂绝不会在山泽陵陆间。）前面已经说："《天问》者屈原之所作也。"后面又说："楚人哀惜屈原，因共论述。"这样含糊而又矛盾的话，已经够使人坠入五里雾中了，我们还能相信他吗？所以王船山说："统一篇而系之以'曰'，则原所自撰成章可知。"（《楚辞通释》）这话真可关王逸的谬误了。至于王逸说的"故其文义不次序云尔"，亦非事实。试读《天问》之文，当觉其义秩序井然。王船山在《楚辞通释》里说得好："篇内事虽杂举，而自天地山川，次及人事，追述往古，终之以楚先，未尝无次序焉。"梁宗岱在《屈原》里申述《天问》的秩序条理，打了个比方说："谁能一眼看清楚一个怒涌的喷泉的水花，谁又能否认其中的条理呢？"这都是对于《天问》的一种极深邃的认识、了解和把握。恰好做了对胡先生以《天问》是杂凑的一种致命的反驳。

(2)辩《天问》的时代。陆侃如、冯沅君的《中国诗史》主张《天问》是屈原暮年的作品（这是根据王逸的说法）。理由是："他的最深刻的疑问是：登立为帝，孰道尚之？在别篇，他的思想集中于一个国君。但既到了这个地步，热心的屈平也要灰心了，故在《天问》里便要进一步地对于君主发生根本上的疑问了。这个疑问是屈平思想所经路程的最后一点，也可助证引此篇为暮年所作。"从逻辑的观点，这种推理也许不错。但我们的"心有它的理，却并非头脑的理"（法国哲人巴士卡尔语），从心理的观点而言（从情感的观点而言），则反应最猛烈的，是最初受打击的时候，正如水初出峡时，怒涛汹涌，浪花四溅，到了水势愈深，便渐渐平静下来一样。由此推论，《天问》应当是屈原壮年的作品，不是屈原暮年的东西了。因为《天问》这一百多个奇奥逸宕、星飞电闪似的疑问，便是屈原初次受打击后从他心里激起的猛烈的浪花——关于唯情的屈原，像关于一切伟大的诗人一样，即思想也是从心而不是从头脑出发的。所以我既不同意王逸、朱子的说法，以为《天问》是屈原被放逐后的作品；也不造成陆、冯二先生的论断，以为《天问》是屈原的暮年之作。在《天问》里我们绝看不出有放逐的痕迹，只有愤懑和失意的情绪；也看不出有老年人洞悉和参透宇宙人生一切的胸襟，只有呈露着稚童般的一颗好奇的怀疑一切的心。因此，据我的推测，大概是屈原初次被谗去职以后的作品，这也许是上官大夫夺稿未遂，因而谗他的那回事的结果。（《史记》载此事的结果，屈原被逐，作《离骚》，非是。）在他的作品中，除《九章》《橘颂》外，这篇要算最早。此外，我以为屈原创作《天问》，不能完全用"刺激与反应"的心理来解释，这里边也表示了南北思想的不同，它涵摄着南方特有的精神因素。我们知道南方民族的思想是革新的、解放的、富于破坏性的，与北方的守旧思想完全两样。譬如老子便是一个代表，他说："天地不仁，以万物为刍狗。"又说："以道莅天下，其鬼不神。"看他怀疑天神的权力，处处与北方民族的思想相抵触。（我国北方民族素来相信天神，他们以为天是有意识的，是主宰人们的祸福的。如《诗经·邶风·北门》云:"已焉哉! 天实为之, 谓之何哉!"《小雅·节南山》云:"昊天不佣, 降此鞠讻。昊天不惠, 降此大戾。")这种思想潜移默化的结果是, 一遇着不合常理的事情, 便要产生疑问,《天问》即是那些疑问的结晶。至于屈原, 本是一位热肠的人, 为左徒时, 怀王很信任他, 正在高兴的时候, 不料被上官大夫一谗去职。他骤然遇着这个意外的打击, 在别的人或者可以忍受过去, 在感情火热时的屈原便受不得了, 自然是充满了懊丧的观感。他以为像他这样热心为国, 反被谗人离间, 所谓"正道直行, 竭忠尽智"的人, 竟没有好结果, 可见天道真是无凭了。但他一转念间, 天道真的无凭吗? 所以终于忍不住要发问了。由懊丧而怀疑, 由怀疑而发问。因之在此篇里单提及善恶因果的问题, 而没有一句悲伤话, 这也正现出了青年一颗倔强的心, 没有老年人的暮气感! 所以梁宗岱在《屈原》里说:"《天问》就是屈原的青春的梦, 他的正义梦幻灭以后,(因为还有比'忠而被谤, 信而见疑', 更大的冤屈吗? 天道何在? 真宰何在? 孰主张是? 孰纲维是?)从那'博学强志'的丰富的心溅射出来的喷泉, 一束光明的箭急不暇择地向着悠悠昊苍的放射。"这是最恰当的评论了。

所以说,《天问》是屈原年二十八岁时第一次被上官大夫谗后的作品。

第三, 辩《九章》。

(1)释名。王逸说:"章者, 著也, 明也, 言己所陈忠信之道, 甚著明也。"朱熹说:"屈原既放, 思君念国, 随事感触, 辄形于声。

后人辑之，得其九章，合为一卷，非必出于一时之言也。"看王逸的说法，甚觉他牵强附会，荒谬可笑。所以我还是以朱子的话为妥。他以《九章》之九，为八九之九，以章为篇章之章，自然是一点也不错的。按：《九章》之名，疑为西汉刘向所定，在司马迁时尚不称《九章》，如太史公在传文中称《怀沙》，于赞称《哀郢》可证（《怀沙》《哀郢》是现在《九章》中的篇名）。刘向《九叹·忧苦》里说："叹《离骚》以扬意兮，犹未殚于《九章》。"

这是第一次见到"九章"二字，他又是第一个编集《楚辞》的人，所以怀疑这总称——《九章》——是他所擅定的了。

（2）辩《九章》的一部分不出于屈原之谬误。胡先生列表主张《九章》的一部分是汉人所作，但是没有指出篇名来。以后陆侃如、冯沅君二先生在《中国诗史》里又给他补充的是：《九章》九篇中，要断定孰为屈平作，孰为汉人作。陆、冯二先生证伪的办法是把《九章》分三类：第一类是有标题且有乱辞的，计《涉江》《哀郢》《抽思》与《怀沙》四篇。第二类是有标题而无乱辞的，计《橘颂》一篇。第三类是无标题且无乱辞的，计《惜诵》《思美人》《惜往日》与《悲回风》四篇。根据这个归纳的事实，所以他们说："屈平作品中，其形式有与第一类同者，如《离骚》是，又有与第二类同者，如《天问》是，但绝对无与第三类同者。这形式上的歧异，便明示我们道：《惜诵》等四篇是伪托的。"像这样以"形式"来断定作品真伪的推理，不仅论据表现得多么脆弱，并且使人觉得何等荒唐与可笑。第一，我觉得"形式不能限制天才"，反之，天才们的要求是"天才代替形式"。像屈原这样的人，他不仅代表了人类超越的绝顶的天才，并且象征了人类向上的活力，生命的烈火烧得他一刻也不能静止，磅礴的感情几乎使他变成了疯狂，他是"动"的象征。他如公元18世纪末叶德国的狂飙诗人，他负荷不了一切的虚伪与拘束的重压，他要冲破人为的一切（看他《离骚》中的人神恋爱），渴慕着自由与理想。当然呵，他在现实上是遭遇到失败的，这也正说明了天才往往是被俗人所摒弃的。虽然社会上所给予他的是残酷与冰冷，但是还有一种叫他能在冰天雪地的人世间继续活下去的理由，那便是他的创造的冲动。所以他的作品便是他的忠贞、他的义愤、他的侘傺、他的怅惘的结晶。他的文章既不是为了传世，也不是为了叫后人来研究它的形式，所以他是尽所欲言，不受拘束的。因之，他的作品，不要呆板的法则，而是要求有变化；不要固定的躯壳，而是要活生生的内容；不要一定的形式，而是要生命的泄露。（屈原的人生观也是这样，这毋宁是他人生观的反映。）因为一位伟大天才的诗人的特征，便是能够利用敏锐的头脑去创造无限的天地、无限的新境，所谓文学形式者，只不过是便于表现内容的工具，他有某一类内容，便有某一种形式。所以在天才的手里，根本就无所谓形式，他不仅可以以生命去创造内容，并且可以以天才去创造形式。当然，在他去创造的过程中，是需要最轻微的暗示，或最狭隘的立足点的，像黄鹄只求一枝之栖，便可以翱翔于蔚蓝的深处一样。这暗示，这立足点，屈原以前的诗歌是绰有余地提供给他的：一首《沧浪歌》就够了。他只要凭借着一首诗歌的遗产，便可以创造出许多内容，即是许多形式，这是他的天才，我们哪能以平凡的尺度——固定的形式，有标题，无标题，有乱辞，无乱辞，去衡量天才的屈原的作品，并且以之去辨别它的真伪呢？这不是自作聪明吗？所以我说陆、冯二先生以"无标题且无乱辞"来断定《惜诵》等四篇是伪托的是错误的。第二，就文学史上的法则来说，一种新兴体裁的产生，在最初往往是内容超过了形式。换言之，即是有丰富的内容，而少有完整的表现形式。但是等到形式发展到尽善尽美的完整阶段，而内容又变成那么干燥、枯竭、贫乏和无生气了。这是古典主义者的悲哀，也是讲文艺革新运动人的最有力的根据。形式与内容的互为消长，一方面荡漾出了各种文体，一方面也指明了在文学史上似乎是武断的现象："最初的也同时是最伟大的"铁律。屈原是楚辞体裁的创始者，他的作品也正说明了这个现象和事实。他的作品符合"最初的也同时是最伟大"的铁律。屈原是楚辞体裁的创始者，他的作品也正说明了这个现象和事实。他的作品是最初的，同时也是最伟大的，这不必多讲，至于内容与形式的关系，在他的作品里也正是内容超过了形式。在屈原看来，形式仅是一种糟粕，内容才是精华。（这不能用《庄子·轮扁斫轮》的解释法。）在他看来，各篇形式不统一（有标题，无标题，有乱辞，无乱辞），这又算得了什么？所以我们不能用形式来判断他作品的真伪了。即单就文学史上的法则而言，屈原各篇作品的形式的之不统一、不一致，正是表示了他的新体初创，故不能以此来衡量他作品的真伪了。所以说陆、冯二先生的形式主义的推理和论断是谬误的。其次，他们又分论《惜诵》等四篇，在这四篇本身上去寻求他们所要的"伪证"。他们说，《惜诵》是模仿《离骚》的，《思美人》一方面模仿《离骚》，而且一方面有的句子也与《招魂》《哀郢》相同，《惜往日》的文辞里的称呼不对：屈平自称"贞臣"，称楚王为"壅君"；《悲回风》里有方士口吻，与《远游》相近。所以断定这四篇是后人的拟作或伪托。陆、冯二先生这次在《惜诵》等四篇里找到的"伪证"似乎比先前仅就形式上立论高明得多了，看来似乎是无隙可乘。但是，我以为他们仍是犯了形式论的错误。我以为判断一篇文章是不是后人的伪作，最重要的是鉴别这篇文章的内容。举例说吧，在这文章里所表现的思想，是不是符合作者的思想体系。（当然内容里包括的因素至多，不止思想一问题。）至于形式，那倒是次要的。假若以形式来衡量作品，尤其是以形式来衡量天才的作品，借以判断真伪，则犯了我上述指出的错误，陷入一种似是而非的错觉。所以我说，陆、冯二先生以《惜诵》是模仿《离骚》；《思美人》不仅模仿《离骚》，间有与《招魂》《哀郢》的句子相同，因而断定这两篇是后人的拟作，这未免武断！我们知道屈原的一生，仿佛是一只在狂风暴雨、骇浪掀天的汪洋里的孤舟，他是永伴着"忠而被谤，信而见疑"的可怕的黑运的，在这漫长的生命之流波里，他的观感、他的感情、他的心绪，前后也不无相同的地方，他为了表现这相同的情感、意识、情绪，也可能采取了他所熟练的形式，他是着重在内容，当然他不在乎《惜诵》《思美人》的某段像《离骚》的某段了。只要他抒发了心灵的抑郁，倾泄出他被抑压的感情，表明了他的心志，即是这两篇赋有形式重复的地方也是活该！至于在屈赋里有相同的句子，那真是末节，不仅在不同的两篇赋里有相同的句子，即便在一篇赋里又何尝没有前后相同的句子呢！如《离骚》的前面说："纷总总其离合兮，斑陆离其上下。"后面又说："纷总总其离合兮，忽纬繣其难迁。"

虽然《离骚》的句子有前后相同的，但我们能说它是后人伪托或杂凑的吗？这岂不是笑话！在《惜往日》里屈平自称"贞臣"，称楚王为"壅君"，这能做后人伪托的证据吗？像屈原这样有天才的人，超越了俗人不知有多少平面，超越了庸臣谗佞不晓得有多少层叠。在这世浊我清、众醉我醒的世界里，他有睥睨一世的孤寂的骄傲，即是自称"贞臣"，又算得了什么？在屈原的眼中，自称"忠臣"，有什么夸大？他甚或还觉到是自我的贬值呢！他绝不像后世的虚伪狡诈的伪君子，口蜜腹剑地自称"鄙人"，称子曰"犬子"，还有什么"岂敢，岂敢"之类。他是言行一致，自己很看得起自己的。譬如在《离骚》里说："纷吾既有此内美兮，又重之以修能。"《涉江》说："世浑浊而莫余知兮，吾方高驰而不顾。"

这是何等孤傲自负？简直是以旷代的天才自许了。可见从他这一颗纯真、高洁的心灵里，弹奏出自我的肯定"贞臣"的音调，本来不算什么事，这不仅不能以此而怀疑这篇是后人的伪托，并且借此可以更认识屈原的坦白、朴真和伟大了。其次，我们再想象当屈原的合纵的政治主张不行，而楚国的国运已预现出衰亡的征兆的时候，他本人却又是一方面遭遇到"忠而见谤，信而见疑"的黑运，一方面感受到"哀南夷之莫吾知兮"的情绪上的痛苦与荒凉，他本着爱国家、爱楚王的忠心，他急不择言般地称楚王为"壅君"，这不也是极自然而合理的事吗？"爱之深，恨之切"的谚语，正是他这种尽情焦急的写照。看他是后说："宁溘死而流亡兮，恐祸殃之有再。不毕辞而赴渊兮，惜壅君之不识。"这是他将死前的哀鸣，中间蕴含着多少抑郁、愤怒、眼泪、心血、绝望、侘傺……岂止表相的"壅君"二字而已！又在《悲回风》里陆、冯二先生以为"吸湛露之浮源兮，漱凝霜之雾雾"一段，全为方士口吻，与《远游》中的"餐六气而饮沆瀣兮，漱正阳而含朝霞"一段相近，所以《悲回风》与《远游》同样是伪作。这两段真是相同吗？我看是绝不的。《远游》的"餐六气而饮沆瀣兮"一段，是一个追求解脱人世烦恼的过程。《悲回风》的"吸湛露之浮源兮"一段，正是屈原心灵彷徨无主与苦痛的象征，看他在超尘遨游里（这是屈原思想发展的一个历程，详思想章）的"依风穴以自息"，这本可以逍遥愉悦了，但是他的感觉立刻是"忽倾寤以婵媛"，生出了无限的伤感！这种充满了冲突、矛盾的生命情调，哪一点与《远游》相同？所以宋代洪兴祖《楚辞补注》解《悲回风》说："此章言小人之盛，君子所忧，故托游天地之间，以泄愤懑，终沉汩罗，从子胥申徒，以毕其志也。"这是一种灵魂苦痛的象征，自然与《远游》的以超现实的道境为皈依的愉悦的获得而相异了。至于说"吸湛露""漱凝霜"是方士的口吻，恐也未必。试想屈原的想象力是那么丰富发达，文章的辞藻是那么富丽堂皇，宇宙的一切，哪一点不受他想象力的控制？所以在他的文章里用到"吸湛露，漱凝霜"的字面，这有什么惊异？又说什么方士口吻？一切的穿凿推敲，都是多余的！所以说陆、冯二先生为胡适先生的补充证明《惜诵》等四篇是后人伪托的，这种努力变成徒然了。

最后，我说《九章》全是屈原的作品。

（3）辩《九章》的时代。王逸说："《九章》者，屈原之所作也。屈原放于江南之野，思君念国，忧心罔极，故复作《九章》。"这话实在是错误的。《九章》不但不尽是屈原放于江南时的作品，并且有的也不是放逐时所作。朱子谓《九章》非一时之言，确有见地，今论于下：

其一，《橘颂》是屈原年轻未受挫折时的作品，因为这里边闪耀着一颗纯洁、高贵、坦白、年轻的心灵。它有一种青年人的人生未来光明的向往，也有一种青年人对崇高完整的人格的爱慕与渴求，青年人向上的蓬勃的朝气，更是洋溢于全篇了。我们在《橘颂》里不仅找不出一句被放逐的话，并且也找不出半点被谗的痕迹。这一方面证明了王逸以为它是屈原放于江南时所作的错误，一方面也证明了我所说的《橘颂》是屈原年轻未受挫折时的作品的真实。试想一个活力旺盛的青年，他抱着一种纯真童稚的心情，去接近宇宙的一切，当然看到一切都是美的、善的，大自然更是真善美的汇归。所以年轻的屈原，旷观宇宙内的结果，终于在橘树上看出了他自己的性分与性格的显露。它没有染尘与卑劣，只有外貌的超俗与绚烂可爱："曾枝剡棘，圆果抟兮。青黄杂糅，文章烂兮。"它没有灾难与折磨的痛苦，只有孤傲与寂寥的可敬之内心："深固难徙，廓其无求兮。苏世独立，横而不流兮。"

这不啻是一位青年的自画图。这里面充满了光明的憧憬，倾吐着青年人的抱负：它既指出了青年人追求真善美的宁静的心境，也透露着青年人向上的心情。这是屈原生涯的始点。看他的："嗟尔幼志，有以异兮。……年岁虽少，可师长兮。"

这不独是赞颂橘树，简直是自我的介绍与象征了。所以我断定这篇是屈原的最早的作品。

其二，《惜诵》也不是放逐时所作。试看下面几句：

"欲儃徊以干傺兮，恐重患而离尤。欲高飞而远集兮，君罔谓汝何之？"

可见他这时进退两难的情形。他迟疑不去，又恐为小人所害；想高飞远举，又怕楚王责备他恝然寡情。但是在最后伤心之余，还是想远身避害，所以结尾说：

"恐情质之不信兮，故重著以自明。矫兹媚以私处兮，愿曾思而远身。"

这即是《惜诵》非屈原放逐时所作的铁证。那么他究竟是什么时候作的呢？看他开首说：

"惜诵以致愍兮，发愤以抒情。所作忠而言之兮，指苍天以为正。"

按："惜诵"是好谏的意思。因为他好谏，所以遭此忧愍。他又恨王听不聪，所以发誓以明己所言之忠。

《惜诵》又说："患何罪以遇罚兮，亦非余之所志也。"可知他这次是因诤谏而致愍，致愍便是遇罚，单说遇罚，便知此时没有被放逐了。

《史记·本传》说："其后秦欲伐齐，齐与楚从亲，惠王患之，乃令张仪佯去秦，厚币委质事楚，曰：'秦甚憎齐，齐与楚从亲，楚诚能绝齐，秦愿献商於之地六百里。'楚怀王贪而信张仪，遂绝齐。"按：《楚世家》载此事在怀王十六年，《惜诵》便是这年作的。我们知道屈原的政治主张，一向是主张联齐拒秦的，秦人的阴险狡诈，外交上的欺骗虚伪，自然早在他的意料中，这次的绝齐换地，更是一场骗局。那时他虽因宪令事见疏，但由于爱国爱君的热诚，终于忍不住要切谏。无奈一而无识的怀王不但不听，反而把他免职了。《惜诵》大概是为免左徒职而作的。所以林云铭说："《惜诵》乃怀王见疏之后，又进言得罪，然亦未放。……大约先被谏止是疏，本传所谓'不复在位'，以其不复在左徒之位，未尝不在朝也。故有使于齐及谏张仪二事。"（《楚辞灯》）蒋骥说："盖原于怀王见疏之后，复乘间自陈，而益被谗致困，故深自痛惜，而发愤为此篇以白其情也。"（《山带阁注楚辞》）这都是很对的见解。

其三，《悲回风》是屈原初被襄王所放逐时的作品，因为这里边表现的心理最悲愤，感情是最激烈的：既有苦痛不可解救的情绪，也有无片刻安定的灵魂。这是一个人在初次受打击时所必然有的反应和结果。不过，有的人也根据着他这种悲愤的情绪，便以为是他自沉时的永诀之辞。其实非是。试想此篇假若真是他的临绝永诀之辞，篇末何以反说："骤谏君而不听兮，重任石之何益？"即此一语，亦足证明屈原这时尚无决死之志。其次就地点而言，非在江南而为汉北。《悲回风》说：

"浮江淮而入海兮，从子胥而自适。望大河之洲渚兮，悲申徒之抗迹。"

按：屈原最初的谪地是在楚国的北境，此言"淮"与"河"，地点是很相近的。由此正可以助证本篇是屈原初遭放逐时的作品了。时在襄王六年。

其四，《抽思》的情绪比《悲回风》的稍微来得缓和了一点，是悲愤渐渐平淡了，由追忆的情怀所荡漾出来的作品。例如《抽思》说：

"昔君与我成言兮，曰黄昏以为期。羌中道而回畔兮，反既有此他志。"

这即是对襄王初绝秦而后又改变了的事实之回忆，所以说《抽思》是《悲回风》稍后的东西。其次，如果把《悲回风》与《抽思》对读，立刻发现这两篇在时间上有很多相同的地方。例如《悲回风》说：

"观炎气之相仍兮，窥烟液之所积。"

《抽思》说：

"望孟夏之短夜兮，何晦明之若岁。"

可知作此两篇文章时，同是经过夏季的。

又《悲回风》开首说：

"悲回风之摇蕙兮，心冤结而内伤。"

《抽思》开首也说：

"悲秋风之动容兮，何回极之浮浮。"

《悲回风》又说：

"终长夜之曼曼兮，掩此哀而不去。"

《抽思》也说：

"思蹇产之不释兮，曼遭夜之方长。"

可见他作这两篇文章时，已入秋季了。故知从时间上说，这两篇之作也差不多是同时的。此外就地点上说，《抽思》有"有鸟自南兮，来集汉北"之语，也知其作于楚国北部，与《悲回风》这地点亦合。时亦在襄王六年。

其五，在《抽思》以后的作品便是《思美人》，《思美人》也是作于湖北的西北部，这里边虽然充满了放逐后的悲愤怅惘和意志的动荡彷徨，但在内心里依然燃着熊熊的倔强之烈火，憧憬着他未绝望的前途：

"知前辙之不遂兮，未改此度！车既覆而马颠兮，蹇独怀此异路。勒骐骥而更驾兮，造父为我操之。迁逡次而勿驱兮，聊假日以须是时。"

可见他自信坚强之意志和渴望着一返有时的心情。所以他有明年开春南去郢都的计划，也有遵江夏娱忧的企图。由此知是篇作于《哀郢》之前，即是顷襄王二十一年以前的作品。

其六，《哀郢》是屈原哀郢都之沦陷而作（详屈子生卒年月考），时屈原被逐已过十五个年头了（《哀郢》有"至今九年而不复"一语。按："九"字在古视为极数，言其久也，非指确实的数目）。这里边不仅充分表现了对故都恋恋不舍和哀痛的情绪，而且洋溢着使他不能再继续活下去的国破之痛苦，所以难怪司马迁读而悲其志了。是篇为顷襄王二十一年的作品。

]]>

其七,《涉江》是作于《哀郢》之后,由两篇之地理可证(详屈原的生平江南放逐节)。故是篇至早也是作于顷襄王二十一年的。

其八,《惜往日》是屈原至江南后的作品。蒋骥根据这篇末有"**不毕辞而赴渊兮**"一语,断定它之作也应在《怀沙》之后,是屈原临死的绝命词。非是。按:此篇文字满涂着愤怒的情绪,洋溢着激越、愁苦、冤抑、不平的情感,怒火烧净了悲哀,这是他一生情感沸腾的最高点。就心理的过程上说,这绝不是屈原临死时的心态,而是距死时不远的一个心理阶段。如果我们记起他的自沉,并不像一般愚夫愚妇只出于一时的短见或忿戾,而又基于一种经过审思熟筹的理想——一种基于对生命和人世间的过量的热爱与理想:

"**虽不周于今之人兮,愿依彭咸之遗则。**""**既莫足与为美政兮,吾将从彭咸之所居!**"(《离骚》)

可见屈原很早就有意识地、有计划地去打算自沉呢!那么,他临死刹那的心理状态,也就不应该这样不平静,不安定,怨天尤人了。试看在《惜往日》里他的情绪是多么激昂:

"**蔽晦君之聪明兮,虚惑误又以欺。弗参验以考实兮,远迁臣而弗思。**""**卒没身而绝名兮,惜壅君之不昭。君无度而弗察兮,使芳草为薮幽。**""**独障壅而弊隐兮,使贞臣为无由。**""**不毕辞而赴渊兮,惜壅君之不识。**"

这样音节迫促,急管繁弦的调子,哪里是他临死时的心声呢?这正是距他的死不远时的一种混乱的矛盾的不安的心理状态——是对人世厌恶却又留恋，对死神爱慕却又厌恶的一种心理状态。"不毕辞而赴渊兮，惜壅君之不识。"这正是他对于人世的一种绝望的呼吁。在他这种愤怒与激昂的情绪渐渐平复下来的时候，他发现了这种呼吁毕竟也是徒然的，于是他便进一步准备自沉，乃写出了《怀沙》。

其九，《怀沙》，《本传》说"乃作《怀沙》之赋，……于是怀石，遂自投汨罗以死"。可知这是屈原的绝笔了。在《怀沙》里屈原所表现的心理、感情、意识，已超越了个人间的冲突，而进入了两种类型人的冲突——善恶的概念人的永恒搏斗，这是他人生体验的最后阶段与终点。例如：

"凤皇在笯兮，鸡鹜翔舞。""邑犬之群吠兮，吠所怪也。非俊疑杰兮，固庸态也。"

这是他认为人间永远不可补偿的悲哀。所以他又对人世发出了愤慨的谴责：

"变白以为黑兮，倒上以为下。""同糅玉石兮，一概而相量。"

这种谴责对俗人有什么用呢？他最后伤心了：

"世浑浊莫吾知，人心不可谓兮。"

所以他终于负荷着人世的悲哀，坚定了自杀的决心：

"知死不可让，愿勿爱兮。明告君子，吾将以为类兮。"

他把躯壳交给了浩浩的湘流，怀着恬淡的心情去自沉，而追求永生的精神解放了。

第四，辩《卜居》《渔父》。

首先，怀疑到《卜居》《渔父》不是屈原作品的是怀疑大家清人崔述，在他的《考古续说》里云："谢惠连之赋雪也，托之相如；谢庄之赋月也，托之曹植。是知假托成文，乃词人之常事。然则《卜居》《渔父》，亦必非屈原之所自作，《神女》《登徒》，亦必非宋玉之所自作，明矣。"至胡适在他的《读楚辞》里则说："《卜居》《渔父》为有主名的著作，见解与技术都可代表一个《楚辞》进步已高的时期。"他们所举的理由虽然不同，但是怀疑这两篇的作者，则并无二致。今驳斥如下：

其一，"假托成文，乃词人之常事。"（是不是词人的常事，是很有问题的。）这不是一条律则，绝不能用来作为否定屈原对《卜居》《渔父》著作权的根据。我们也承认有些无聊的文人，常常是托古以自重的，或者是戏弄文墨，颠倒历史事实的。但是，像那样的作品，不是无生命的糟粕，即是无内容的糠粃，鲜有作者心灵的颤动和灵魂的叫喊。试看在《卜居》与《渔父》里，一方面闪耀着一颗矛盾的心灵之苦痛，一方面对应着两种人生观的冲突。若不是身经体履，这岂是假托成文的词人所能道于万一的呢？所以王逸在《楚辞章句》里主张《卜居》《渔父》是屈原的作品。又洪兴祖补注说："《卜居》《渔父》皆假设问答以寄意耳，而太史公《屈原传》采楚辞《渔父》之言，以为实录，非也。"他这种意见是很精到而正确的。真可谓透渗进屈原作这两篇时的心理中了。我看《卜居》《渔父》的假设问答，简直是对人类卑污的一种控诉。我们假若不是"自负不凡""标新立异"的话，我们能忍心将如此绝妙的文章，否认了屈原的著作权吗？所以我说怀疑大家崔述，他这次的怀疑是错了，看他这种没有"必然性"的推理，在问题假定的本身上，他就犯了逻辑上的错误！

其二，《卜居》《渔父》为有主名的著作，也不能作非屈原作品的证明。按：《卜居》《渔父》两篇起首都说"屈原既放"，这很容易使人误解这是旁人的记载；不然为什么用第三者的口吻呢？我们由前面知道《卜居》《渔父》是屈原假设问答以寄意的作品，这样，他当然可以用第三者的语气陈述其事了。像这种为文的方法，不仅屈原为然，即与他同时代的宋玉，或在他以后的人如东方朔，也往往以问答的体裁，以寄其意。如宋玉的《对楚王问》，开首便说"楚襄王问于宋玉曰"；《高唐赋》也说"昔者楚襄王与宋玉游于云梦之台"；《神女赋》也说"楚襄王与宋玉游于云梦之浦"。东方朔《答客难》开头也说："客难东方朔曰。"（以上均见《文选》）这都是以第三者语气为文的例证。我们能因为它们表现的是第三者的语气，而说《对楚王问》等不是宋玉作的，《答客难》不是东方朔作的吗？（虽然崔述也怀疑宋玉的《登徒》《神女》诸赋，而说"《神女》《登徒》亦必非宋玉之所作明矣"。惟其谬误已详前驳斥中。）这未免又是陷于我上述的机械形式论的错误了。文选中特设对问与设论二栏，尤足证明古人是承认以第三者语气为文的体裁的真实，哪能以"有主名的著作"，便断定不是本人所作呢？至于说《卜居》《渔父》的见解与技术都可代表一个《楚辞》进步已高的时期——由"楚骚"到"汉赋"中间的过渡作品，我看这更是谬误的。《卜居》《渔父》的见解，我没有看出它们代表了一个《楚辞》进步已高的时期的见解，而却正是屈原的见解（详前）。我也没有看出《卜居》《渔

父》的表现技术，代表了一个《楚辞》进步已高的时期的技术，
而却是天才的屈原把假设问答的内容（这个内容是不适宜于以
纯诗的形式表现的），用比较散文化的诗的形式表现罢了。所
以梁宗岱先生在《屈原》里说："在他比较简朴，比较清淡，也许
是和《离骚》同时脱稿后自然形成的作品（因为这差不多是创作过程
的一种普遍现象），精心结撰的巨制，往往带来一两篇比较容易的产
儿：《卜居》和《渔父》里透露消息。"这种见解是很对的。又陆侃
如先生专门对《渔父》的提出了两点可疑：司马迁在《本传》里
载《怀沙》时，说明是屈平所作，而载《渔父》时，却没有说明，
可证他不认它为屈平作；王逸说："渔父遇屈原川泽之域，怪而问
之，遂相应答。楚人思念屈原，因叙其辞，以相传焉。"这可证他不
认它为屈平自作。这是不对的。第一，王逸明白地说："《渔父》
者，屈原之所作也。"他又何以不认它为屈平自作？第二，洪兴祖
补注说："《卜居》《渔父》皆假设问答以寄意耳。而太史公《屈原传》
采楚辞《渔父》之言以为实录，非也。"可见洪兴祖对司马迁载《渔
父》的例，已有了纠正的答复。所以说陆先生所怀疑《渔父》的
两点伪证，都不能成立了。

《卜居》《渔父》是屈原的作品。关于他创作的时代，《卜
居》里说："屈原既放，三年，不得复见。"可知《卜居》是作于顷襄
王九年了。《渔父》大概也是作于此时的。

最后，我们谈一谈《离骚》，这是屈原的一首最长的诗，也
是他的代表作。王逸称之曰《离骚经》，洪兴祖不以经字为然，
好文学何必用经字尊之呢？

一、释名。

（1）司马迁说："'离骚'者，犹离忧也。"（《史记·本传》）是骚即忧也。

（2）班固说道："离，犹遭也；骚，忧也，明己遭忧作辞也。"（《离骚赞序》）

（3）王逸说："离，别也；骚，愁也。"（《楚辞章句》）

由上三家，可知"骚，忧也"。但"离"究从何训呢？"离"，犹"遭"呢？还是"离"，犹"别"呢？这就不能不从屈赋本身求了。考屈赋文中用"离"字例，凡言"遭"，均独用。如《离骚》："进不入以离尤兮。"《九歌·山鬼》："思公子兮徒离忧。"《九章·惜诵》："恐重患而离尤。""纷逢尤以离谤兮。"是"离"即"遭"也。凡言"别"，均连用。如《离骚》："余既不难夫离别兮。"是"离"，犹"别"也。由此知班说是，而王说非。"离骚"是遭忧的作辞了。

二、《离骚》的时代。

《史记·本传》："上官大夫与之同列，争宠而心害其能。……因谗之曰……王怒而疏屈平。屈平疾王听之不聪也，谗谄之蔽明也，邪曲之害公也，方正之不容也，故忧愁幽思而作《离骚》。"据此，一般治《楚辞》的学者，便以《离骚》为屈原在怀王朝初次被谗见疏时的作品了。这是错误的。是为在《离骚》里所陈述的对象，看来指的是顷襄王，而绝不是关于怀王的口吻了。例如：

"抚壮而弃秽兮［普通本抚上有不字，今据钱杲之《离骚集传》（瞿氏本）云一本无不字，应从］，何不改乎此度？乘骐骥以驰骋，来

吾道夫先路也！"

这是希望楚君把握壮年而弃旧日秽芜之行，去励精图治，而屈原自己也愿做王的先导之呼声。由"壮"字来看，应指新君——顷襄王，绝非是对怀王的语气了。此其一。《离骚》的前半篇说："指九天以为正兮，夫惟灵修之故也。"

又云："余既不难夫离别兮，伤灵修之数化。"

又云："怨灵修之浩荡兮，终不察夫民心。"

它后半又这样说："闺中既以邃远兮，哲王又不寤！"

按：他前面说"灵修"，后面忽说"哲王"，大概灵修是指的怀王，哲王是指的顷襄王了。他作《离骚》时，怀王已死，所以称"灵修"，犹言"先王""先帝""皇考"等。（王逸注：灵，神也；修，远也。大概楚人说"灵"，都带有神秘的意思，如"灵巫""灵雩"之类。）其时正当顷襄王在位，故称"哲王"，犹言"今上""圣上"等，语气似乎极有分寸。屈原与怀王关系最深，故在前半篇中反复言之。至怀王入秦不返，他便希望新君——顷襄王能远谗佞而近忠良，或者能保宗社不亡，而新君又不然，所以说"哲王又不寤"。这是他的伤心绝望语。此其二。《离骚》里又说："汩余若将不及兮，恐年岁之不吾与。"

又云："老冉冉其将至兮，恐修名之不立。"

又云："及年岁之未晏兮，时亦犹其未央。"

又云："及余饰之方壮兮，周流观乎上下。"

看他一说"不及"，再说"老冉冉其将至"，这显然是年将衰的口气。两个"恐"字，最能传出"四十五十而无闻焉，斯亦不足畏

也已"的意思。所以下文又说"及年岁之未晏兮，时亦犹其未央"和
"及余饰之方壮兮"。由此可知《离骚》之作，似应在屈子四十六
岁到五十岁之时，按屈子生于楚宣王二十七年戊寅，到顷襄王三
年怀王客死于秦的时候，已经四十八岁，说"老冉冉其将至"，也
是很合理的。所以我断定《离骚》是屈原在顷襄王三年到六年
时的作品。

王逸注《楚辞章句·〈离骚〉序》云："同列上官大夫靳尚，妒
害其能，共谮毁之，王乃疏屈原。……原乃作《离骚经》……言己放
逐离别，中心愁思，犹依道径以讽谏君也。"洪兴祖曰："疏"一作
"逐"。又《文选·离骚》李善注引"疏"作"流"。所以后人便说
在王逸注的《〈离骚〉序》里，若上文但说"疏"，下文又何以忽说
"放逐"？可知王逸原文本来是作"逐"的，洪兴祖所见的一本
作"逐"，还保存着王书的本来面目。因此可以根据洪氏所见的
一本来订正《史记·屈原列传》的错误，并且可判定《离骚》一篇
是屈原放逐以后的作品了。我看这是不对的。我以为《离骚》是
屈原江南放逐以前的作品，不是怀王时初次被谗以后的产物。
正因为他作了这篇东西，才触怒了令尹子兰，而得到江南放逐的
结果：

第一，在《离骚》里，没有放逐的痕迹，而只有个人对楚国
政治的希望与憧憬，表现了一个追求到幻灭的程序。例如在开
头里说：

"抚壮而弃秽兮，何不改乎此度？乘骐骥以驰骋兮，来吾道夫
先路！"

这是他对国事的自告奋勇。又说：

"岂余身之惮殃兮，恐皇舆之败绩。"

这是他对君国的忠心与热爱。又说：

"众皆竞进以贪婪兮，凭不厌乎求索。羌内恕己以量人兮，各兴心而嫉妒。"

这是他对谗佞的憎恶。又说：

"长太息以掩涕兮，哀民生之多艰。余虽好修姱以鞿羁兮，謇朝谇而夕替。既替余以蕙纕兮，又申之以揽茝。亦余心之所善兮，虽九死其犹未悔。"

这是于现实的恶势力的搏斗，对人民的关怀。又说：

"进不入以离尤兮，退将复修吾初服。"

这是对君国的失望，兴起了归隐之思。又说：

"虽体解吾犹未变兮，岂余心之可惩。"

这是他重新放弃了归隐的主张，而又肯定了与现实恶势力战斗的真实。又说：

"闺中既以邃远兮，哲王又不寤。怀朕情而不发兮，余焉能忍与此终古？"

这是他追求的幻灭，所以他进一步说："何琼佩之偃蹇兮，众薆然而蔽之。惟此党人之不谅兮，恐嫉妒而折之。"

他对他自己的安全也产生了疑问。他只好：

"何离心之可同兮？吾将远逝以自疏。"

但是，在他远逝自疏的过程里，又产生了"陟升皇之赫戏兮，忽临睨夫旧乡。仆夫悲余马怀兮，蜷局顾而不行"的悲哀，终于无去国之志，永远地陷入一种矛盾彷徨的状态中了。像这样把微妙的心理状态扩大到至为明显的一篇文章，处处表现了他在朝廷上的进退失据的样子：善恶的冲突；去留的犹豫；理想与现实的斗争。哪里是放逐后的作品？丝毫没有放逐的情绪和事实上的痕迹。所以说李、洪二氏的以"疏"为"逐"，为"流"，大概是望见王逸《〈离骚〉序》文里"放逐"二字而生"逐"或"流"的新义吧。但是也有人以为像"愿依彭咸之遗则""吾独穷困乎此时也""宁溘死以流亡兮""伏清白以死直兮""虽九死其犹未悔"……这样的句子，更可以看出屈原不是见疏而是见放的愤语。我看这种说法也是错了。按"宁溘死以流亡兮"，正是未流亡时的语言的加重语势，犹之乎现在我们常说的"宁为玉碎，不为瓦全""牺牲在所不计"等语，这是表示一种决心与愿望，并不是玉真的碎了，瓦真的全了和人真的牺牲了。又屈原作此篇时，楚国的命运，已进入了一个黑暗的历程；而他自己又饱经宦海之风波：两度被谗，两度被免职。外有强秦之凌辱，劫持了君父，而使怀王客死于秦；内而朝廷昏惑，谗佞专横，亲秦言和，已成屈辱投降之势。热心国事的屈原，觇祖国之危机，又哪能不愤慨呢？所以他一方面不停地与现实的恶势力斗争，希冀力挽合纵派即倒之局；一方面也在禁不起苦痛袭击的时候，却又想超脱与独善其身，《离骚》恰是这两种矛盾情绪的结晶，这里边当然有许多愤激语了，但哪里与放逐有关呢？

第二，《离骚》为屈原江南放逐前作品之证。从前我读《史记·屈原列传》至"王之不明，岂足福哉。令尹子兰闻之大怒。卒使上官大夫短屈原于顷襄王,顷襄王怒而迁之"一段,我不明白为什么忽然间"令尹子兰闻之大怒"。令尹子兰到底是怒什么?《史记·屈原列传》也没有说。以后在我读《离骚》时,才寻出了令尹子兰闻之大怒的道理。看《离骚》里说:

> "余以兰为可恃兮,羌无实而容长。委厥美以从俗兮,苟得列乎众芳。"

又云:

> "既干进而务入兮,又何芳之能祗?固时俗之流从兮,又孰能无变化?览椒兰其若兹兮,又况揭车与江离?"

这说明屈原对令尹子兰由希望变成失望的悲哀(我们知道屈原曾做过三闾大夫,是主持过教育贵族青年的,子兰当然也受他培植过)。他眼看着子兰忘了杀父之仇,亲秦主和,与逸侫同流合污,变成干进务入之人,这当然不能自振其芬芳了。"览椒兰其若兹兮,又况揭车与江离?"他最后伤心为国育才之失败了。但是他这一种比兴的文字,却触怒了子兰,《史记·本传》"令尹子兰闻之大怒"正是指的大怒这篇文字的事情。子兰终使人谮屈原于王,因此,屈原也就被放逐于江南了。所以说《离骚》是屈原江南放逐以前的作品,大概是作于顷襄王五年,年五十岁左右。

第四章　屈原的思想

　　一切上乘的诗都是无限的，一重又一重的幕尽可以被揭开了，它的真谛最内在的赤裸的美却永不能暴露出来。一首伟大的诗就是永远洋溢着智慧与欢欣的泉；一个人和一个时代既经汲尽了他们的特殊关系所容许他们分受的它那神圣的流泻之后，另一个然后又另一个将继续下去，新的关系永远发展着，一个不能预见也未经想象的源头。

——雪莱《诗辩》

　　屈原的一生陷入在一个冲突、矛盾的人生之苦海里。政治的波涛，击伤了他的躯体；谗佞的海啸，撕碎了他的心灵；他生活在这个荒凉苍茫的浪翻波涌的人海里，他没有安定，只有苦闷与彷徨。他虽然有时候憧憬着出世的彼岸，但终于爱恋着现实的这边；他虽然也有时候向往世外的光明，但也终于执着于现实的黑暗；他虽然也有时候渴慕着天国的快乐，但也更爱好着现实的烦恼。现实对他实在有无限强力的诱惑，使他永远悟解不出道家的超脱、佛家的解救，他只有一意地在现实上追求。而现实，又仿佛是一只残酷的魔手，却时时破坏着他的高贵璀璨的理想，陷他到一种苦痛、烦闷的领域里去。屈原的思想，就是他这种"动"的人生的反映。在他的思想里，不仅闪烁着一颗彷徨无主的心，并且颤动着他那矛盾到不可解救的生命与灵魂。这些，都涵摄着人性的浆液，却凝结为一颗光芒万丈的明星，嵌在人世的黑幕上，一方面点缀着人生的贫乏和寂寞，一方面也显现着思想界的奇迹。

第一节　屈原思想的本源——南方文化的追溯

文化是生活的反映，受物质条件的支配。我国生活的基础，一向是以农业为主的。农业是靠天吃饭的，它的丰收与否，又决定于大自然的雨量、气候。我国的气候是有南北之分的，因之反映到文化上去，也荡漾出南北的差异：南方指的是长江所经之地，北方指的是黄河所流之域。南北中线，以淮水为标准，如古谚"橘逾淮化为枳"，即淮水为南北分水之证（珠江为后起，当时没有文化，故不被论列）。辛苦的农民，因为所居的地方不同，对自然的好恶，也表现了相反的态度。北方的农夫，以雨水不足，气候严寒，土地硗瘠，农作物的收获不丰，所以感觉到谋生的困难。因之，对大自然的态度，就采取了反抗与敌对，为了达到他们求生的目的。南方农夫的心情，则恰恰与此相反。他们因得天独厚，气候温暖，土地富饶，受日光之惠多，雨量丰富，农产物充足，谋生也较易，所以对大自然也就采取了欣赏与感谢的态度。南北人对大自然的态度不同，正象征了生活的难易；而生活的难易，却做了南北文化差异的基石。北方人因为谋生不易，所以多注意"实际"生活，无富余的时间，以驰骛于玄妙的哲理，文化的方向，因而向着"实用"的路上去发展。故儒家的"利用厚生"，墨家的"非乐节用"，都是北方文化的产物。这种文化是现实的、理智的。南方人因为实际生活的易谋，所以不讲"实用"，不讲"利用厚生"，而只讲"幻想""虚无"，常达观于世界以外。因之他们的文化也就向着超实际的方向去发展。老庄的"清静无为"，想入非非，正是这种文化的面目。（老庄虽不是长江流域的人，但是他的精神却是典型的南方精神。）这种文化是超现实的、幻想的、浪漫的。屈原的思想，也正是承接了南方文化的这一支，所以他的思想精神，一方面是幻想，一方面是破坏（南方的一切发达较迟于北方，中原之人，当鄙夷之，谓为蛮野，故其对北方学派，有吐弃之意，有破坏之心，这是破坏思想的本源）；一方面是爱恋，一方面是憎恨。因为他的幻想与爱恋，所以他的思想更为高贵；因为他的破坏与憎恨，所以更可见到他的人格的率真与坦白。屈原的思想，是南方文化的最美的一朵花蕊，它开得那么绚烂、美丽，它不仅使以往南国的名花无色，而且可以把南方文化的精神，带得那么崇高和久远。

第二节　屈原思想在形而上学上的根据

屈原的思想，是一个大矛盾的象征；他的精神，是一种"动""力"的代表；他的人生形式，是一个战斗的悲剧之形式。在他的人生里，没有和谐，只有矛盾与冲突；没有安静，只有动力的斗争与彷徨；也没有消极与妥协，只有不断与现实的恶势力的战斗，一直到他生命的歇止。他这种战斗思想与不妥协的精神的长久支持，绝不是靠着他一时的坚定之意志，或是靠着他刹那间的情感的激动所可济事的，而是另有他的形而上学的根据在的。因为他在形而上学上有三个肯定，做了他思想的基础，所以在这上面才能建立起他的完整的思想体系来。

一、上帝的肯定

在屈原的心灵里，是肯定了一个抽象的神的观念存在的。他以为宇宙间的一切的布置与安排，完全是决定于一位主宰者——上帝的。上帝是万能的，宇宙间的种种现象都由他做主，大自然的一切进行都是他的心意的表露。并且他是大公无私的，代表着公道和正义。所以《离骚》里说："皇天无私阿兮，览民德焉错辅。"正是这种赏善惩恶的观念的说明。上帝又是神明的，是能辨别是非的，是可以听讼折狱的，所以《惜诵》里说：

"所作忠而言之分，指苍天以为正。"上帝是济弱扶倾的，是有慈悲的心肠的，所以《招魂》说："帝告巫阳曰：'有人在下，我欲辅之。'"然而上帝的喜怒，又可以决定人民的祸福，而人民行为的顺逆、臧否，正是衡量上帝喜怒的准则，所以《哀郢》里说："皇天之不纯命分，何百姓之震怒。"看来在屈原的精神的宇宙里，他是肯定了一位人格化的神之上帝，上帝是超越在自然界之上的，他（上帝）代表了一个最高的自由意志，他（上帝）代表了一个至善的归宿，他（上帝）也象征了最高贵的光明，同时他（上帝）也是统治着天国与人间世的。宇宙的和谐、秩序，人世的条理、安宁，完全是出于他（上帝）的自由意志。而且他（上帝）对于维持秩序的尊严和善恶报应的严肃，也是具有最大的决心与魄力的。所以屈原在他自己所肯定的主宰者上帝之观念前，自然地生出最圣洁、伟大的宗教情绪，鼓舞起对恶势力倔强战斗的勇气。他的身体的创伤，只有在上帝的面前，才可以重新得到治疗；他的负伤的心灵，也只有在上帝的面前，才可以得到温慰；他的空虚的灵魂，也只有在上帝的面前，才可以得到充实；他的荒凉的感觉，也只有在上帝的面前，才可以重新得到暖热；他的疲倦的心情，也只有在上帝的面前，才可以得到鼓舞；他的枯竭的生命力，也只有在上帝的面前，才可以得到复活……对上帝抽象观念的肯定，是屈原感觉人世有价值和生命的真实的根据，也就是屈原思想的源泉，所以他显现了倔强的意志，丰富的生命力和百折不挠的战斗英姿。因为上帝观念的建立，宗教情绪的狂热，是他生命"日日新"的再生的灵药，同时也是支持着他能在冰冷的人世间继续活下去的勇气哩！所以说对上帝的肯定，是他对"生"之真实的肯定的出发点，也就是他思想体系建立的根据了。

二、"善"能胜"恶"的肯定

屈原既然肯定了上帝的存在，所以这个思想的引申，便是"善"终能胜"恶"的肯定了。他以为宇宙中的一切现象，均以至善为归：上帝是超世间的精神界的至善的代表，"先王"是人间世的至善的化身，而先王的至善是符合于上帝的至善的要求与趋势的，而人世间向善的人们，也更有法乎先王的至善的义务。假若所谓先王的至善不符合上帝的至善，便失掉了其为"先王"的凭借，而向善的人们逆违了先王的至善，便也要称之为恶而遭受过愆。因之他把宇宙看成了一个层叠的至善的系统，他把宇宙的现象也看成了至善的显露。所以他相信：至善终能战胜至恶，光明终能战胜黑暗，虽然有时候是至恶之神统治着世界，有时候是黑暗的恶魔充盈在人间。是以他在《离骚》里说："彼尧舜之耿介兮，既遵道而得路。"这是善有善报。"何桀纣之昌披兮，夫惟捷径以窘步"，这是恶有恶果。"启《九辩》与《九歌》兮，夏康娱以自纵。不顾难以图后兮，五子用失乎家巷。"这是至善终于战胜了至恶。"羿淫游以佚畋兮，又好射夫封狐，固乱流其鲜终兮，浞又贪夫厥家。"这是恶人的报应。"浇身被服强圉兮，纵欲而不忍。日康娱而自忘兮，厥首用夫颠陨。"这是恶人的下场。"汤禹俨而祗敬兮，周论道而莫差。举贤才授能兮，循绳墨而不颇。"这是光明终于战胜了黑暗。"皇天无私阿兮，览民德焉错辅。夫维圣哲以茂行兮，苟得用此下土。"这是至善终于统治了一切。所以他最后说："瞻前而顾后兮，相观民之计极。夫孰非义而可用兮？孰非善而可服？"终于归纳出了宇宙和人生的结论：是以至善为归的铁律了。因为他有至善终能战胜至恶的宗教般的信仰，所以他才有"阽余身而危死兮，览余初其犹未悔。不量凿而正枘兮，固前修以菹醢"的殉道的勇气。这恰如歌德所说的：

"他来自天国，

小住尘寰；

我们的心田是他的墓园，

但他却也同我们一样的平凡，一样的渺小。"

追求至善的价值，永远地支配着人的精神和心灵的世界。屈原的法先王，正是所以法至善，也就是他肯定了至善是衡量宇宙间的一切的最高标准，人类的一切的行为，都应向着至善的极峰顶巅汇归的。在至善的概念下，人世是有秩序的、和谐的、多福的、快乐的。假若人类的行为是反乎至善的，那便称之为"恶"。至恶的结果：人世那将是混乱的、矛盾的、多灾的、不幸的；但是，最后还是归结到至恶的消灭，终于肯定到一个至善的胜利和人间世的重新的和谐，秩序的辩证历程。所以他一方面是"耿吾既得此中正"地执着先王的至善之盾牌，一方面也是"虽九死其犹未悔"地抱着苦战而不妥协的旗帜，虽然在"时缤纷其变易兮"的人世中，而他相反地，却能在对至善的向往肯定里，终于荡漾出了他的完整的思想体系来。

三、天才的肯定

因为屈原肯定了宇宙的一切是一个至善的显现，所以从此点出发，便可以追溯到他对天才的肯定了。天才是人类的花朵，也是至美、至善的象征。他（天才）在人类中的地位，恰如在漆黑的夜幕上的一颗闪烁的明星。假如没有它的点缀，那么漫漫的长夜将是何等平凡和单调？没有它的微光的颤抖，那么漫漫的长夜又是何等死板与寂寥？银钉似的小星，正吐露着黑夜的智慧，白玉般的光亮，也正低诉着黑暗里的生机。所以屈原不仅肯定了天才的真实，并且把天才的地位，提升到人类的顶层，他以为天才是符合着宇宙和人世的至善，是以《离骚》里说："謇吾法夫前修兮，非世俗之所服。"他更以为天才是超出于俗人之上，而与俗人截然分成两橛的，所以他又说："鸷鸟之不群兮，自前世而固然。何方圆之能周兮，夫孰异道而相安？"他一方面指明了天才在人世上的超越性，一方面也道破了天才们在现实上的悲哀的结局的律则。是以他在天才的肯定下，才能有无量数的勇气支持着他在现实上克服所遭受的苦难，抵挡他被社会所加给的无限的灾害和折磨。并且他把他自己也纳入天才的范畴里，"天才"的完成，却做了他生活的起点。他虽然不被俗人所了解，而且被朝廷所摒弃，但是"鸷鸟之不群兮"的天才的肯定，却给了他心灵以大量温热的安慰。他虽然有时候遭受谗佞的毁谤，在现实上遇到失败绝望的命运；但是，"何方圆之能周兮，夫孰异道而相安"的信条，立刻又给了他许多的鼓舞。因之，他的人生的态度不仅表现了"动"，而且他的人生观也肯定了现实的追求：他在浑浊的人世里追求"大美"，他在万恶的现实里追求"至善"。当然，他这种对"大美""至善"的层层追求，紧接着来的自然是心灵的空虚与追求的幻灭，然而他在幻灭里，又肯定了第二次的追求的真实。这种追求与幻灭的过程不断地发展，便是他生命本身的意义了。他以为追求至善是天才们的义务，所以他才有"謇吾法夫前修兮"的呼喊。他以为只有在追求里，才能把浑浊的人世变为"美""善"，而更进一步达到去接近上帝的至美善的意志之期求，所以他才有"亦余心之所善兮，虽九死其犹未悔"的决心。他更以为没有天才的时代，人生的趣味是多么贫乏；没有天才的人世，人之生命的泉水将是何等干枯。所以他不怕天才们为追求"至善"而毁灭，他痛心的倒是天才们随世俗而变质。因之，他说："余既滋兰之九畹兮，又树蕙之百亩……冀枝叶之峻茂兮，愿俟时乎吾将刈。虽萎绝其亦何伤兮，哀众芳之芜秽。"看屈原把天才们的地位超升到至高的精神宇宙里，他也发出了一种对天才的向往与比拟，他也甘愿接受天才们的悲哀的结局与命运，而实证着天才与俗人冲突的铁律。他把握天才们的宇宙，而卑视俗人，一生与庸俗的现实不断地战斗，在他肯定具有超越性的天才的真实性，他才完成了他的思想体系的建立。

屈原的宇宙观既然肯定有一位主宰一切的人格神之上帝存在，那么从这里又引申出了善能胜恶与天才的肯定两条支流来。这三者的交糅，却构成了他形而上学的抽象的世界。这种抽象的世界的肯定与获得，不仅在精神上给予他一种安慰，在意志上给予他一种坚定；而且在生命的本身上，给予他许多的活力。这种活力的洋溢与奔流，一方面鼓舞起他生活的趣味与生之留恋；一方面也铸就出了他殉道（殉理想）的精神。这种不可解救的人生之矛盾与冲突，正是他思想发展的本源，而这种矛盾与冲突的尖锐与严重，也正是因为他有形而上学的基础。我常想假若在屈原的生命里，没有他在形而上学上的三个肯定与建立，作为他的"生之意义"的支持，恐怕他不是屈服于现实的魔掌中，便是早就走上自杀之途了，何必等到被放江南以后呢！所以说屈原的人生形式的高贵与伟大，和他的思想的庄严、绚烂、悲壮剧式的美丽，完全是在于他思想出发点的深度——他是把思想之花树植根于形而上的世界里去了。

第三节　现实的执着

现实的世界是一个矛盾的世界，事物的领域是一个苦恼的渊薮。谁要执着于现实，想在冷酷的现实上陈列出他的绚烂的理想，谁就会到处失意，坠入不可解救的苦痛之网罟。天才的屈原，正是不幸地（也可以说是幸运地）走上了这一条路。他抱了"万变其情岂可盖兮，孰虚伪之可长"的求真的态度，用圣洁纯白的感情去抚摸现实, 以幻美的理想去装潢世界, 再加上他在形而上学上的肯定与信仰, 所以他终于获得了现实境界的执着, 造成了烦恼的结果了。

一、爱国与被谗

"长太息以掩涕兮, 哀民生之多艰。"

"怨灵修之浩荡兮, 终不察夫民心。"(《离骚》)

这是屈原爱国思想的出发点, 也是他执着于现实而得不到超脱的理由。试想当时的楚国, 地大物博, 雄据江淮, 并不是没有希望与前途的国家, 看刘向的"横则秦帝, 纵则楚王"(见《战国策序》)的话, 正可以见出楚国在列强中的地位。为什么这样一个有希望的国家, 弄到"民生多艰"的地步, 更进一层陷入"民离散而相失兮, 方仲春而东迁"(《哀郢》)的宗国残破的厄运呢? 这当然是因为怀王的"浩荡"(应作"混蛋"解)和"不察夫民心"了。但是, 在国运垂危的时候, 反可以唤起人们对国家的强烈的观念; 在朝廷愚昧的时候, 正可以激起孤臣义士对君王的忠心。所以热情的屈原, 一边看到在乱离时代里人民的苦痛和民生的多艰而掩涕太息, 一边也看到国家的多艰, 在捍卫国土上, 抱了"首身离兮心不惩"(《国殇》)的誓愿; 一边也看到怀王的昏庸, 不励精图治, 潜伏下国家的隐忧, 而发出了"岂余身之惮殃兮, 恐皇舆之败绩"(《离骚》)的对人民与怀王的呼吁。他要唤醒楚国的国魂, 他要和时代的命运挣扎, 他既相信善能胜恶,也相信天才能够做出双手旋转乾坤的伟业来。所以他更想把现实拨乱反正，并且单枪匹马去救国救民。他曾有一个时期做了怀王的知己，所以他说："满堂兮美人，忽独与余兮目成。"（《少司命》）他也有一个时期是为怀王所信任的，因之，他一心要建设起一个完美无疵的楚国来。所以他一方面"余既滋兰之九畹兮，又树蕙之百亩"（《离骚》）地树起了一个伟大、崇高的理想；一方面在实际的工作上他又是"奉先功以照下兮，明法度之嫌疑"地竭忠尽智。结果是"国富强而法立兮，属贞臣而日娭"；而他的施政的态度又是"秘密事之载心兮，虽过失犹弗治"（《惜往日》）。这样一来，楚国纳入了富强的轨道了。但是，就在这富强的当中，却孕育出了贫弱，在欣欣向荣的里面，却包含着枯萎的征兆；也就是屈原正在为国勤劳、奔波，干得顶起劲的时候，却因此遭受了谗人的嫉妒。谗人象征着黑暗，不喜欢光明，更不喜欢楚国的大治。他们喜欢的是朋比为奸，所以女嬃说："世并举而好朋兮。"（《离骚》）他们喜欢的是贪财好货，所以《离骚》说："众皆竞进以贪婪兮，凭不厌乎求索。"他们既没有国家观念，也不关心国家的存亡，只有对个人价值的肯定，所以屈原伤心地说："民好恶其不同兮，惟此党人其独异。"（《离骚》）然而嫉妒却是他们的天性，屈原为国的丹心和他使楚国富强的功绩，正是引起他们嫉妒欲的良好媒介。他们既妒忌屈原的功，也嫉妒屈原的才，他们为了毁灭楚国的前途，也不能不先毁灭这位楚国的圣者。所以他们在"羌内恕己以量人兮"的心理下，开始"各兴心而嫉妒"（《离骚》）了。因之，屈原虽然是"心纯庬而不泄兮"，但是终于"遭谗人而嫉之"（《惜往日》）。昏庸的怀王，又不明是非，"荃不察余之中情兮，反信谗而齌怒"，我们的诗人，便从此坠入苦痛的深渊里去了。"矰弋机而在上兮，罻罗张而在下。设张辟以娱君兮，愿侧身而无所。"这是说谗人进谗方法的周密。"故众口其铄金兮，初若是而逢殆"（《惜诵》），这是说谗言的毒狠与威力。"众女嫉余之蛾眉兮，谣诼谓余以善淫。"（《离骚》）最后，谗人竟颠倒黑白与是非了。所以怀王听信谗言，终于给屈原一种残酷的待遇。《惜往日》里说："君含怒而待臣兮，不清澈其然否。蔽晦君之聪明兮，虚惑误又以欺。弗参验以考实兮，远迁臣而弗思。信谗谀之浑浊兮，盛气志而过之。何贞臣之无罪兮，被离谤而见尤。"正是他这种被谗的过程之摄照。这时遭毁含诟的屈原，一边痛恨着"世浑浊而嫉贤兮，好蔽美而称恶"（《离骚》）的人世；一边也"数惟荪之多怒兮，伤余心之忧忧"（《抽思》）地对数变易而无常操的怀王，流下了伤心的热泪；一边也看到党人的毒狠，却兴起了他对个人生命安危的怀疑，所以他又说："何琼佩之偃蹇兮，众薆然而蔽之，惟此党人之不谅兮，恐嫉妒而折之。"（《离骚》）到此，屈原的好梦幻灭了：他的强烈的爱国之意志，换来了被谗的结果；他的"忠湛湛而愿进兮"的赤心，得到了"妒被离而鄣之"（《哀郢》）的报酬，楚国也重新陷入了"惟夫党人之偷乐兮，路幽昧以险隘"（《离骚》）的悲哀的命运里去。现实既然令屈原这样绝望，怀王又对屈原这样残酷，楚国又给屈原带来了无穷的痛苦，那么，屈原似乎应该逃开现实的一切，忘怀了怀王，忘怀了楚国，并且忘怀了人世，超脱到他自己所经营的小宇宙中，追求陶然自足的乐趣了。但是，他不，他不了解超脱，只知道对绝望的命运挣扎，对幻美理想的重新虚构和对现实层层不断的追求，他依然热爱着人民，热爱着怀王，热爱着楚国。他对现实是执着了，所以他的痛苦依然不停地在进展着，不过，是从这个圈子里转到那个圈子里去罢了。

二、苦闷与彷徨

因为屈原有着极绚烂的理想，而又遭到现实上的打击，理想的幻灭，在他是莫大的痛苦，所以他从此便坠入苦闷的深渊里去了。

"日月忽其不淹兮，春与秋其代序。惟草木之零落兮，恐美人之迟暮。"（《离骚》）

对楚国的望治，对楚王的眷恋，是他苦闷的基础。试想他对楚王失掉了信任，那么，他建设完美的楚国的理想，要到何处去实现呢？因之，他彷徨了。"汩余若将不及兮，恐年岁之不吾与。""老冉冉其将至兮，恐修名之不立。"（《离骚》）"老冉冉兮既极，不寝近兮愈疏。"（《大司命》）他眼看着时光骎骎地过去，而自己一方面还是"抱利器而无所施"，一方面对楚王变成了"不寝近兮愈疏"，这在屈原，还不是一个极大的苦闷吗？其次，更使他难过的，便是他时常神往于往日的盛况，而被谗以后的落寞生涯又不断地折磨着他。回忆后的怅惘与当前的苦难，是造成他苦闷的第二个原因："初既与余成言兮，后悔遁而有他。余既不难夫别离兮，伤灵修之数化。"（《离骚》）"昔君与我诚言兮，曰：黄昏以为期。羌中道而回畔兮，反既有此他志。"（《抽思》）这是他对往事的恋恋不忘。就在往事的留恋里，却给他带来了一些痛苦：他想到他的耿介与坦白，所以说："忘儇媚以背众兮，待明君其知之。言与行其可迹兮，情与貌其不变。故相臣莫若君兮，所以证之不远。"（《惜诵》）他又想起了他被谗的原因，所以说："吾谊先君而后身兮，羌众人之所仇也。专惟君而无他兮，又众兆之所雠也。一心而不豫兮，羌无可保也。疾亲君而无他兮，有招祸之道也。"（《惜诵》）他又想起了对楚王的忠心，所以又说："思君其莫我忠兮，忽忘身之贱贫。事君而不贰兮，迷不知宠之门。"（《惜诵》）他又想起了他的无罪受罚，所以又说："患何罪以遇罚兮，亦非余之所志也。行不群以巅越兮，又众兆之所咍也。"（《惜诵》）他又想起了怀王对他的无礼与傲慢，所以说："憍吾以其美好兮，览余以其修姱。与余言而不信兮，盖为余而造怒。"（《抽思》）他又想起了冤情不能上达，所以说："纷逢尤以离谤兮，謇不可释也。情沉抑而不达兮，又蔽而莫之白也。心郁邑余侘傺兮，又莫察余之中情。固烦言不可结诒兮，愿陈志而无路。"（《惜诵》）"愿承闲而自察兮，心震悼而不敢。悲夷犹而冀进兮，心怛伤之憺憺。兹历情以陈辞兮，荪详聋而不闻。固切人之不媚兮，众果以我为患。"（《抽思》）他终于又彷徨了，所以又说："退静默而莫余知兮，进号呼又莫吾闻。"（《惜诵》）"欲儃佪以干傺兮，恐重患而离尤；欲高飞而远集兮，君罔谓汝何之？欲横奔而失路兮，盖坚志而不忍。"（《惜诵》）结果是"申侘傺之烦惑兮，中闷瞀之忳忳""背膺牉以交痛兮，心郁结而纡轸"（《惜诵》），他又陷入了不可解救的苦闷中去了。

三、动摇与坚定

　　苦闷与彷徨发展到顶点的结果，很容易显现出人性的弱点，那便是理想的幻灭和固定信仰的放弃，这就是我们日常所说的"动摇"。相反地，假若在苦闷与彷徨的旅程上，虽然受到无穷的灾害与磨难，然而他能燃着愤怒的火焰，提高战斗的意志，克服了人性上的弱点，把灾害与磨难化为一种鼓舞与新生的力量，归宿到"愈挫志愈坚"的范畴里去，这就是我们日常所说的"坚定"。动摇是对整个生命的否定，人生价值的放弃，这是具有正常的人性的普通人的事。坚定是对生命意义的肯定，坚定是人生价值的提高，坚定也就是对个人无上价值的承认，这是化除了人性的弱点的天才们和圣哲们的事。屈原在极度的苦闷与彷徨中，有时也如普通人似的显出了人性的弱点，表示了意志的脆弱与动摇，不过，他旋即提高了理性的权威，克服了昏念妄动和脆弱的意志，而超越了"动摇"的阶段，而归依到"坚定"的堡垒里去。看屈原因为怀王对他太残酷与无情，当他苦闷极了的时候，不由得对楚王与楚国的信念也发生了动摇，在那一刹那他要离开楚国，远离怀王，所以在《抽思》里说："愿摇起而横奔兮。"但是，他旋即超越了"动摇"的历程而坚定下来，所以又说："览民尤以自镇。"他重新肯定了楚国的价值。他有时候也感到谗人的势力太大，为了实现他的理想，恢复他在楚国的政治地位，不能不对他们采取妥协的方式，暂且变更他自己的贞洁。所以说："惩于羹者而吹齑兮，何不变此志也？"（《惜诵》）但是，他下面接着就说："欲释阶而登天兮，犹有曩之态也。"立刻又肯定了不变节从俗的真实。在《思美人》里也说："欲变节以从俗兮，媿易初而屈志。"这也是从动摇到坚定的过程的说明。因为他的坚定，所以他"独历年而离愍兮，羌凭心犹未化。宁隐闵而寿考兮，何变易之可为"（《思美人》），露出了倔强战斗的姿态。但是，就在他与现实的恶势力战斗的当中，他在坚定里又发生了更高级的动摇：他以为与谗佞小人的冲突、斗争，莫非他们是正直的，而其曲在我，我是错了吧？那么，我应当自动地离开朝廷了。他在《离骚》里充分地表现了他这种动摇的心情，所以说："悔相道之不察兮，延伫乎吾将反。"趁着回头尚早，所以他要"回朕车以复路兮，及行迷之未远"。因为他是"进不入以离尤兮"，所以他只好"退将复修吾初服"。逃开是非名利之场，而去隐居山林了。这是他对现实执着的人生观的根本动摇。不过，他立刻又超越了这个"动摇"，而重新"坚定"下来。他仍然肯定自我的一切是对的、正直的；谗佞们的一切是乖张的、错误的。所以他又提高了天才的骄傲说："不吾知其亦已兮，苟余情其信芳。""民生各有所乐兮，余独好修以为常。"最后还是归结到"虽体解吾犹未变兮，岂余心之可惩"的执着人世的人生观上去。从动摇到坚定的过程，使我们觉得这位诗人的心灵特别真挚、坦白与可爱；也使我们觉得这位诗人的心灵与我们的心灵互相在颤动，并且要求距离的无间和二者的吻合与和谐。从动摇到坚定，这是从人性的倔强角落的深处的巉岩上，撞击出来的闪烁的火花，照耀出了屈原人格的伟大！

四、追求与幻灭

这是一个不解之谜吧。理想中的东西都是完美的、绚烂的；一变成现实的事物，便有了缺陷和那么平凡。因之，在理想上所要追求的东西，也是永远追求不到的；所能追求到的，只不过是理想幻灭后的悲哀而已。这正如李长之师在他的抒情小诗里所说的：

"虽然是瓦片、砖头，但我已经在上面做过美丽的幻想，以为是蚌壳的了：明知被证明了是瓦片、砖头，也给我了失望的苦，可是我能让它们失去了么？我将苦留。"（见《星的颂歌》）

这不仅道破了在人生里追求与幻灭的律则，而且刻绘出了屈原的个性。如果我们不留神李师的题名，一定会误认它是屈原的情怀自咏了！在屈原的一生里，虽然也感受到追求与幻灭的痛苦，但是他高人一等的地方，正是在他能于幻灭的痛苦中，而对理想的追求的"苦留"。例如，他第一次的追求与幻灭，接着来的就是第二次的幻灭与追求……这样层层不断地发展下去，便构成了他的崇高的生命的价值。譬如说，他对楚国抱着一个伟大的理想，一心一意地要建设起一个完美的楚国来。所以他首先育才，"余既滋兰之九畹兮，又树蕙之百亩。畦留夷与揭车兮，杂杜衡与芳芷。冀枝叶之峻茂兮，愿俟时乎吾将刈"（《离骚》）。这是他对理想的追求。但是，他得到的却是"虽萎绝其亦何伤兮，哀众芳之芜秽"的理想幻灭后的悲哀了，然而他对青年并不因此而灰心，反有对未来无穷的希望与寄托。不过，结果又是失望了，所以他说："时缤纷其变易兮，又何可以淹留？兰芷变而不芳兮，荃蕙化而为茅。何昔日这芳草兮，今直为此萧艾也！岂其有他故兮？莫好修之害也！"他把青年们变节易守、失其本性的原因，归于浑浊的世俗和不好修洁的人世间去。他本来对子兰是抱有希望的，所以他说"余以兰为可恃兮"，结果是"羌无实而容长"；只知道"委厥美以从俗兮，苟得列乎众芳"。至于"椒专佞以慢慆兮，樧又欲充夫佩帏。既干进而务入兮，又何芳之能祗"，对子椒等人，还有什么话可说呢？最后，他终于对育才的失败伤心，说："固时俗之流从兮，又孰能无变化？览椒兰其若兹兮，又况揭车与江离！"他又感到理想幻灭的悲哀了。次如他在顷襄王的时候，也曾抱过重整楚国山河的理想，愿意帮助着这位青年的楚王治理楚国，因之他勉励楚王说："抚壮而弃秽兮，何不改乎此度？乘骐骥以驰骋兮，来吾道夫先路！"（《离骚》）但是终于还是"哲王又不寤"。他的追求又幻灭了。追求虽然幻灭，然而他并不绝望，仍然热爱楚国，热烈地追求而活着；但也是在"苦留"的追求中而死去了！

五、固执与倔强

"余虽好修姱以鞿羁兮，謇朝谇而夕替。既替余以蕙纕兮，又申之以揽茝。亦余心之所善兮，虽九死其犹未悔。"（《离骚》）

可见好"修姱"与守"所善",乃是他固执与倔强的心理根据了。他伤心于世人的不好美而好丑,不好善而好恶,所以他太息说:"世浑浊而嫉贤兮,好蔽美而称恶。"(《离骚》)但是,他就能因此超脱了浑浊的人世,陶醉在他自己所经营的小天地中,而与俗世的丑恶妥协吗?或者放弃了他自己好修姱的主张,而与俗人同流合污吗?不,决不,他决不因为世俗的浑浊而走上超脱的独善其身的路子,更不因为俗人而放弃了他的爱美好善的初志。相反地,为了忠贞的操守,他对世俗表示了十足的固执;为了培植他的不开花的理想,他对俗人又表现得那么倔强。他不用理智的神力,他抬高了感情的权威,以情感的火焰,去烧毁宇宙间的丑恶和黑暗;他也超越了利害的范围,以珍贵的生命,去撞击现实。不过,现实又到处充满了惰性,谁要想克服它的惰性,改革现实,谁就会痛苦。因之,理想主义的屈原,他痛苦了,痛苦的结果,却更坚定了他的倔强与固执的心理!例如:"余固知謇謇之为患兮,忍而不能舍也。指九天以为正兮,夫惟灵修之故也。"(《离骚》)这是他固执于对怀王的忠贞。"宁溘死以流亡兮,余不忍为此态也。"(《离骚》)这是他维护信仰的倔强的决心的表示。"屈心而抑志兮,忍尤而攘诟。伏清白以死直兮,固前圣之所厚。"(《离骚》)这是他对于殉理想的固执。"阽余身而危死兮,览余初其犹未悔;不量凿而正枘兮,固前修以菹醢。"(《离骚》)这也是他的倔强。"初吾所陈之耿著兮,岂至今其庸亡?何独乐斯之謇謇兮?愿荪美之可光。"(《抽思》)这是对于他的政治主张的固执。"知前辙之不遂兮,未改此度。车既覆而马颠兮,蹇独怀此异路。勒骐骥而更驾兮，造父为我操之。"(《思美人》)这又是他的"愈挫志愈坚"般的倔强。倔强与固执是他的天性，正因为他有如此的天性，所以才能在这个刚强的天性之湖里，喷射出他的独立不迁、横而不流、战斗不息的浪花呢。只有固执，才可以见出他的人格的完整和伟大；也只有倔强，更可以见出他对于人生层层体验的深远了。

六、骄傲与寂寞

天才的心灵，永远是寂寞着的。

——叔本华

天才的心灵，我以为它也是神秘的。在他心扉的前面，仿佛天然地织成了无数层次的帷幔，叫庸俗的世人永远揭之不尽。因之世界不容易了解他，接近他，所以他的内心，常常是沦入冰冷的寂寞之窖。虽然他在愤激极了的时候，恨不得即刻离开人世，然而他心灵的深处，又何尝不渴望着人世的同情呢? 屈原的人生，就是走了这种典型的人生的方向。他早就知道他自己是天才，而且很诚恳坦白地承认，所以他非常自负，大有孟柯的"当今之世，舍我其谁"的气概。因此他对自己的各方面，也都有极高的估价。如《离骚》里说："纷吾既有此内美兮，又重之以修能。"这是他对于自我的描写。又说："朝饮木兰之坠露兮，夕餐秋菊之落英。"这是他对于自我饮食的叙述。又说："制芰荷以为衣分，集芙蓉以为裳。""高余冠之岌岌兮，长余佩之陆离。"《涉江》也说："余幼好此奇服兮，年既老而不衰。带长铗之陆离兮，冠切云之崔嵬。"看他的衣饰是如此奇特，所以他又说："謇吾法夫前修兮，非世俗之所服。"（《离骚》）处处显得高人一等，可见他的天才的骄傲了。他虽然因此建立起了他的天才的宇宙，获得天才的人们所特有的愉悦，追踪着天才的心灵之美；但却也因此远离了俗人，远离了社会，不知不觉地构成了人我间的距离。所以他说："世浑浊而莫余知兮，吾方高驰而不顾。"（《涉江》）正是他这种骄傲与寂寞的心情的写照了。天才们的命运是可悲的，这正如意大利雕刻大师米开朗琪罗用字为但丁刻的商籁上所说的：

"为启迪我们他不惜亲自践踏罪恶的深渊；然后又升向上帝，天堂的门大开；迎接他进去，他的国门却紧闭起来拒绝他。忘恩的民族！你把他摧残迫害，结果只是自作孽。你指给人看最完善的人要受最大的苦难。"

屈原的遭遇也正是如此。他为了楚国不惜亲自践踏罪恶的深渊，然而他的国门也因是闭紧了不许他进来。所以他说："众骇遽以离心兮，又何以为此伴也？同极而异路兮，又何以为此援也？"（《惜诵》）可见天才与俗人间是天然地划成了一条鸿沟，天才象征着人类光荣的骄傲，骇坏了俗人，使俗人不了解他的忠心善意，并且远离了他，他变成了一个孤立系统了。没有人与他为伴，没有人与他为援，天才的结果是：充满了内心的寂寞呵！但是，岂止寂寞而已，众人同样地还要进一步迫害他，所以他又说："固切人之不媚兮，众果以我为患。"（《抽思》）与众不同的天才的骄傲, 换来了与众不同的心灵的寂寞和空虚。"惟兹佩之可贵兮, 委厥美而历兹。"(《离骚》)"有鸟自南兮, 来集汉北。好姱佳丽兮, 胖独处此异域。悍茕独而不群兮, 又无良媒在其侧。"(《抽思》)这都是一方面表示了绝顶的天才的骄傲, 一方面也在叫喊出不可抑止的内心的悲凉。然而, 他在人世悲凉、寂寞、空虚的结果, 更激荡起了他的傲慢和对一切否定的态度, 所以他最后伤心地说:"鸷鸟之不群兮, 自前世而固然。何方圆之能周兮, 夫孰异道而相安?"(《离骚》)他也不再期冀俗人的了解了, 他承认了"人之心不与吾心同"(《抽思》)! 把他的生命安放在骄傲与寂寞的流波里, 随着流水的时光飞去。

七、伤时与怀古

屈原以伟大的抱负的情感去接近时代, 当然, 一切都是不如意的。因为: 在贫乏的现实上, 不容许他有高贵的理想; 在平庸得如粪土的俗人里, 也不容许有天才的超人的倔强; 也正如在黑夜里不容许人说光明的可贵, 在小人国里不容许有高子一样。平凡的现实他既看不顺眼, 崇高的理想他又无法实现, 所以他由痛苦变为悲伤了。"惟夫党人之偷乐兮, 路幽昧以险隘。""固时俗之工巧兮, 偭规矩而改错。背绳墨以追曲兮, 竞周容以为度。"(《离骚》)这是他痛斥党人的舍本逐末。"户服艾以盈要兮, 谓幽兰其不可佩。览察草木其犹未得兮, 岂珵美之能当? 苏粪壤以充帏兮, 谓申椒其不芳。"(《离骚》)这是他伤时人的不明是非。"世并举而好朋兮。""变白以为黑兮，倒上以为下。凤凰在笯兮，鸡鹜翔舞。同糅玉石兮，一概而相量。"(《怀沙》)这是一个多么令人伤心的社会！"世幽昧以眩曜兮，孰云察余之善恶？"(《离骚》)这又是一个多么令人窒息的时代啊！他悲哀，他掩涕，所以他终于说："曾歔欷余郁邑兮，哀朕时之不当。揽茹蕙以掩涕兮，沾余襟之浪浪。"(《离骚》)这是他的一串串的眼泪，也是他的一串串的伤时的热情。是以他一边有"吾独穷困乎此时也"(《离骚》)的叫喊；一边也有"观南人之变态"的怨词。试想"变态"的时代，诗人屈原如何能看得上眼？所以他在那个大时代里"穷困"了。时代既然使他这样的伤心，于是他不能不放松了他想象的绳索，到往古里去搜求同调与知己了。"昔三后之纯粹兮，固众芳之所在。杂申椒与菌桂兮，岂惟纫夫！"(《离骚》)这是他对楚国治世的向往。

"彼尧舜之耿介兮，既遵道而得路。""汤禹俨而祗敬兮，周论道而莫差。举贤才而授能兮，循绳墨而不颇。"(《离骚》)这是圣王们治术的铁律。"汤禹俨而求合兮，挚咎繇而能调。""说操筑于傅岩兮，武丁用而不疑。吕望之鼓刀兮，遭周文而得举。宁戚之讴歌兮，齐桓闻以该辅。"(《离骚》)"闻百里之为虏兮，伊尹烹于庖厨。吕望屠于朝歌兮，宁戚歌而饭牛。不逢汤武与桓缪兮，世孰云而知之？"(《惜往日》)这是他慕贤人的佳遇。"吴信谗而弗味兮，子胥死而后忧。介子忠而立枯兮，文君寤而追求。"(《惜往日》)这是他悲贞臣烈士的抗迹。"行比伯夷，置以为像兮。"(《橘颂》)"夫何彭咸之造思兮，暨志介而不忘。""孰能思而不隐兮，照彭咸之所闻。""求介子之所存兮，见伯夷之放迹。"(《悲回风》)"望三五以为像兮，指彭咸以为仪。"（《抽思》）这是他对古贤人的爱慕。"济沅湘以南征兮，就重华而陈词。"（《离骚》）"驾青虬兮骖白螭，吾与重华游兮瑶之圃。"（《涉江》）这是他对与帝舜交游的向往。我们知道怀古固可以节制伤时的横溢的情感，在对古圣贤哲的怀慕中，也可以遗弃苦痛的现实。在与古人的神游里，既可以获得精神上的至高的愉悦；也可以解脱了自我的心灵所负荷着的过量的痛苦，造成"神高驰之邈邈"的后果。但是，怀古的终点，还不仍是空虚吗？所以他又说："重华不可遌兮，孰知余之从容！""汤禹久远兮，邈而不可慕也。"（《怀沙》）他因伤时而怀古，但同时也因怀古而更加重了他伤时的情绪。最后他在不知不觉中归结到"既莫足与为美政兮，吾将从彭咸之所居"（《离骚》）"凌大波而流风兮，讬彭咸之所居"（《悲回风》）的上面去。可见在他的怀古的心波意流里，浮载了他的一颗"虽不周于今之人兮，愿依彭咸之遗则"的矛盾、苦痛、坚峭、殷红的殉理想的心！

八、矛盾与冲突

矛盾与冲突，是屈原的现实执着思想的最后终点。在这个阶段中的一切思想，都是向着它奔驰、汇归的。因为他把自我与社会里的众人，分明地划成两重领域：

"众皆竞进以贪婪兮，凭不厌乎求索。""忽驰骛以追逐兮，非余心之所急。老冉冉其将至兮，恐修名之不立。"（《离骚》）

可见一重领域是众人的领域，在这里面最真实的是"竞进贪婪"和"不厌求索";一重领域是自我的领域,在这里面最真实的是"修名"的建立。而这两重领域,又是一边代表了人间的黑暗,一边象征着人类的光明;一边代表了人间的丑恶,一边象征着人类的至善;一边代表了人间的卑污,一边象征着人类的高贵……这自然形成了两个水火不相容的壁垒的对立了,就在这两个壁垒对立的发展中,在屈原建立修名的过程中,双方终于在现实上冲突了。冲突的结果,便是他心灵里矛盾的形成:

"竭忠诚而事君兮,反离群而赘肬。"(《惜诵》)世界上还有比这更矛盾的事吗?"吾谊先君而后身兮,羌众人之所仇。"(《惜诵》)人世间还有比这更可怪的现象吗?"患何罪以遇罚兮,亦非余之所志。"(《惜诵》)这是多么无理!"兹历情以陈辞兮,荪详聋而不闻。"(《抽思》)这又是多么可恨!"愿寄言于浮云兮,遇丰隆而不将。"(《思美人》)是何等的霉运!"因归鸟而致辞兮,羌迅高而难当。"(《思美人》)更是何等的矛盾!"君无度而弗察兮,使芳草为薮幽。"(《惜往日》)他是因此而伤心。"何芳草之早夭兮,微霜降而下戒。"(《惜往日》)他也是因此而疑惑。所以他的心灵终于陷入"令薜荔以为理兮,惮举趾而缘木。因芙蓉而为媒兮,惮褰裳而濡足。登高吾不说兮,入下吾不能"(《思美人》)的矛盾状态里去了。其次,除了以上说的他与众人在现实上的冲突外,他还有着更深入里层的矛盾,那便是他所处的时代与他的传统意识之间的冲突。时代是"变易"的,"兰芷变而不芳兮,荃蕙化而为茅"(《离骚》)足见变易的程度之可怕。"变白以为黑兮,倒上以为下。"(《怀沙》)"阴阳易位,时不当兮。"(《涉江》)更见变易的面目之骇人。在屈原看来,他所处的时代,实在是王纲解纽的时代了。然而他的传统的意识则是:"虽体解吾犹未变兮。"(《离骚》)"言与行其可迹兮,情与貌其不变。"(《惜诵》)"欲变节以从俗兮,媿易初而屈志。""知前辙之不遂兮,未改此度。""宁隐闵而寿考兮,何变易之可为。"(《思美人》)"深固难徙,更一志兮。"(《橘颂》)他是在追求永久、固定和恒常。那么,时代和他的意识可说是完全脱节了。这样,不仅造成他不能变节从俗、随俗方圆的人生态度,并且在他的心灵的深处与变易的时代,也清楚地构成了两层对立的境界。时代对他的要求是"变",而他对时代的答复是"吾不能变节以从俗兮"(《涉江》),他所坚持的是"常"。变与常的激荡,易与定的冲激,在这两种东西不能并存的矛盾的情势下,却闪击出了他的"固将愁苦而终穷"的收场。他遗弃了时代,但是他又不能忘情于时代,反而执着于时代,留恋于时代。他也可以说是被时代所遗弃,然而他又渴望着时代的同情,希望在时代的胸怀里吸取温暖,这是多么不可思议的矛盾!所以他不仅从心灵的极深邃处建造起了一座无数层叠的巍巍的矛盾的宝塔,并且在他的整个的心灵的空间也储满了由矛盾的情绪里所荡漾出来的痛苦。"惜诵以致愍兮,发愤以抒情。所作忠而言之兮,指苍天以为正。"(《惜诵》)矛盾的痛苦在屈原的心里,简直要使这颗心爆裂了,他的洋溢着苦痛的热情,冲淹了人世间的深广的鸿沟和冰冷的防堤。他坦白地向怀王陈诉,向人类心灵的深处呼吁,即是对他所处的"变易"之时代的抗议,他要唤回鼎盛时代的楚国的国魂。结果,还不是一串串的空幻,交织着一串串的矛盾吗? 但是忽然间一线曙光在他的心灵里闪过, 暂时地解脱了他内心的矛盾与痛苦, 那便是他希望尧舜让贤的事情在楚国里重演, 这样, 楚国便可以变好了, 变易的时代也可以纳入常轨了。所以他说:"尧舜之抗行兮, 瞭杳杳而薄天。众谗人之嫉妒兮, 被以不慈之伪名。"(《哀郢》)特别地称赞尧舜的事。然而他这点希望之光, 终于又在"憎愠惀之修美兮, 好夫人之慷慨"的壅君的面前消失了, 他依旧坠入矛盾的苦痛之深渊里去。

现实的执着, 是屈原思想的第一个历程。在这个历程里, 他肯定现实是最真实的, 人世是最有价值的。所以他不了解超脱, 只知道苦闷;不了解心界的空灵, 只知道物界的追逐。结果他看到的都是现实的乖张和无条理、无秩序;他所受到的都是内心的烦恼与痛苦。他所追逐的又变成空幻;他所理想的也化为泡影。他本相信上帝是公道的, 善恶报应是准确的。但是他在人世上所受到的却是不公道的待遇;代表至善的他, 反而受了象征着至恶的众人们的欺辱。他也相信天才是人类的花朵, 是可以领导时代的, 然而他却遭了俗人的毁谤与暗害。这种变白为黑、倒上为下的错置, 使他开始对于他在形而上学上的肯定与信仰动摇了。他不由得放射着惊异的眼光, 去重新观照宇宙, 体验人生, 生出了对一切怀疑与破坏的思想。这是他跳出了第一个历程的圈子, 又进入了他思想的第二个历程里去了。

第四节　对宇宙人生的根本怀疑

　　屈原现实的执着,结果获得的是矛盾的心情和无限的烦恼与苦痛,所以他不能不把沸腾、奔放的热情,暂且收敛与静止下来,用最高的理智去沉思了。在他理性的经验上,宇宙似乎是个漫无目的的东西,无所谓是非善恶,无所谓条理秩序,更无所谓上帝意欲的安排。但是,在他的形而上学的信仰上,却肯定宇宙里是有一位主宰一切的上帝之存在的。因之,宇宙的现象,便有是非善恶,蕴含着上帝的自由意志了。就在这两种情绪的激荡里,却孕育出情理交战的痛苦,最后终究在一刹那,理智代替了感情,所以他立刻拨转了心灵的风帆,浮载着他的一双慧眼,面向着崇高、遥远的理境去驰骋、搜求,这里有着真理的发现,这里有着宇宙人生的重新认识:以搜寻真理的目光去静照宇宙,才发现宇宙现象是何等伟大与不可思议。以搜寻真理的眸子去观照人生,才发现历史、传说是何等无稽与荒唐。所以在他驰骋理境的片刻里,竟荡漾出了怀疑思想的真实和永恒。《天问》就是这种思想的结晶。

一、对宇宙现象的怀疑

　　1.对自然现象传说的怀疑。"遂古之初,谁传道之?上下未形,何由考之？""冥昭瞢暗，谁能极之？冯翼惟像，何以识之？"是对宇宙起源的疑问。"圜则九重，孰营度之？惟兹何功，孰初作之？"是对天体形成的怀疑。"应龙何画，河海何历？"是对河流起源的疑问。"康回冯怒，地何故以东南倾？"是对地形倾斜的怀疑。"羿焉彃日？乌焉解羽？"是对羿射日的怀疑。

2.对自然现象本身的怀疑。"明明暗暗，惟时何为？""何阖而晦？何开而明？""夜光何德？死则又育？"是问昼夜的两个浩荡求恒的运动。"角宿未旦，曜灵安藏？"是问日行址。"厥利维何？而顾菟在腹？"是问月的形体。"斡维焉系？天极焉加？"是问天体的构造。"八柱何当？东南何亏？"是问地理的安排。"九天之际，安放安属？隔限多有，谁知其数？"是问天边的情形。"天何所沓？"是问天地合会的处所。"十二焉分？"是问一岁十二个月的标准。"日月安属？列星安陈？"是问天体上的布置。"出自汤谷，次于蒙汜；自明及晦，所行几里？"是问一日之间日行几里。"洪泉极深，何以窴之？"是问沧桑之理。"地方九则，何以坟之？"是问土地的等级。"九州安错？"是问九州的区分。"川谷何洿？"是问川谷深陷的原理。"东流不溢，孰知其故？"是问水东流的缘故。"东西南北，其修孰多？南北顺椭，其衍几何？"是问四方的长短。"昆仑县圃，其尻安在？"是问县圃的方位。"增城九重，其高几里？"是问增城的高度。"何所冬暖？何所夏寒？"是问自然的气候。"焉有石林？何兽能言？""焉有虬龙？负熊以游。""雄虺九首，倏忽焉在？""灵蛇吞象，厥大何如？""鲮鱼何所？鬿堆焉处？"是问自然界的奇迹。"黑水玄趾，三危安在？"是问山水的位置。"阴阳三合，何本何化？"是问造化之本。"伯强何处? 惠气安在? "是问自然的顺逆。

屈原虽把主观的理智经验照射到宇宙自然现象上去, 发出了许多的疑问, 但也终究得不到解答, 所以他又不能不把外射的搜求真理的目光, 转移到人生问题里去, 这又揭发出人类的浅薄与荒谬。

二、对人生问题的怀疑

在真理之神的面前, 历史与传说暴露出它们的荒唐性, 所以他首先对影摄着以往全部人生的古史起了疑问。

"舜闵在家, 父可以鳏? 尧不姚告, 二女何亲? "是对舜娶尧二女的疑问。"不任汩鸿, 师何以尚之? "是对鲧治水的疑问。"永遏在羽山, 夫何三年不施? "是对殛鲧于羽山的疑问。"伯禹愎鲧, 夫何以变化? 纂就前绪, 遂成考功。"是对鲧父而有禹子的疑问。"禹之力献功, 降省下土四方。焉得彼嵞山女, 而通之于台桑? "是对禹道娶涂山氏女的疑问。"启代益作后, 卒然离蠥。何启惟忧, 而能拘是达? ""何后益作革, 而禹播降? "是对禹不传贤而传子的疑问。"帝降夷羿, 革孽夏民。……何献蒸肉之膏, 而后帝不若? "是对有穷羿的疑问。"浞娶纯狐, 眩妻爱谋。何羿之射革, 而交吞揆之? "是对浞谋杀羿的疑问。"惟浇在户, 何求于嫂? 何少康逐犬, 而颠陨厥首? "是对少康袭杀浇的疑问。"桀伐蒙山, 何所得焉? 妹嬉何肆, 汤何殛焉? ""何条放致罚, 而黎服大悦? "是对汤伐桀的疑问。"汤出重泉, 夫何辠尤? 不胜心伐帝, 夫谁使挑之? "是对汤伐桀原因的疑问。"成汤东巡,有莘爰极。何乞彼小臣,而吉妃是得?"是对汤娶妻事的疑问。"该秉季德,厥父是臧。胡终弊于有扈,牧夫牛羊?"是对王亥被杀的疑问。"恒秉季德,焉得夫朴牛?"是对王恒得朴牛的疑问。"吴获迄古,南岳是止。孰期去斯,得两男子?"是对太伯仲雍之吴的疑问。"师望在肆昌何识?鼓刀扬声后何喜?"是对文王访贤的疑问。"列击纣躬,叔旦不嘉。何亲揆发足,周之命以咨嗟?""争遣伐器,何以行之?并驱击翼,何以将之?""武发杀殷何所悒?载尸集战何所急?"是对武王伐纣的疑问。"伯昌号衰,秉鞭作牧。何令彻彼岐社,命有殷国?"是对周代殷的疑问。"昭后成游,南土爰底。厥利惟何,逢彼白雉?"是对昭王南游的疑问。"穆王巧梅,夫何为周流?环理天下,夫何索求?"是对穆王周流的疑问。"中央共牧后何怒?蜂蛾微命力何固?"(据闻一多《楚辞校补》改)是对厉王出奔彘的疑问。"周幽谁诛?焉得夫褒姒?"是对幽王被犬戎所杀的怀疑。

其次,对古代的传说,也产生怀疑:"女娲有体,孰制匠之?"是对女娲形体的怀疑。"简狄在台喾何宜?玄鸟致贻女何喜?"是对简狄吞燕卵生契的怀疑。"女岐无合,夫焉取九子?"是对神女无夫生子的怀疑。"延年不死,寿何所止?"是对仙人年寿的怀疑。"化而为黄熊,巫何活焉?"是对鲧死后化为黄熊的怀疑。"萍号起雨,何以兴之?"是对雨师兴雨的怀疑。"撰体协胁,鹿何膺之?"是对神鹿形体的怀疑。"鳌戴山抃,何以安之?"是对神话的怀疑。"稷维元子,帝何竺之?投之于冰上,鸟何燠之?"是对后稷无父而生的怀疑。"彭铿斟雉,帝何飨?受寿永多,夫何久长?"是对尧食雉羹后而寿考的怀疑。"惊女采薇，鹿何佑？"（据闻一多《楚辞校补》改）是对伯夷、叔齐绝食薇而遇白鹿乳之的怀疑。"何繁鸟萃棘，负子肆情？"是对晋大夫解居甫过陈遇采桑女的怀疑。

　　但是，疑惑的结果，仍然得不到合理的解释。于是他又想起上帝的主张公道来，所以要问："受赐兹醢，西伯上告；何亲就上帝，罚殷之命以不救？""天命反侧，何罚何佑，齐桓九会，卒然身杀。"然而上帝真的主张公道吗？他所看到的倒是恶因得善果的事情。因之，他也要问："何肆犬豕，而厥身不危败？""何变化以作诈，后嗣而逢长？"他便有些怅惘了。他想到这国灭，那国强，这国兴，那国亡，所以他又问："授殷天下，其位安施？反成乃亡，其罪伊何？""皇天集命，惟何戒之？受礼天下，又使至代之？"但他一转念间，对于君主也产生根本上的疑问了，所以他又进一步地问："登立为帝，孰道尚之？"最后他又对于人生的态度，产生本根的疑惑："何圣人之一德，卒其异方？梅伯受醢，箕子详狂？"这是他的疑问，也是他的踌躇。他既爱"受醢"的人生形式，也爱"详狂"的人生典型。一边是动，一边是静；一边是进取，一边是恬退；一边想兼善天下，一边思独善其身。但是他毕竟超越了怀疑一切的思想（对人生全盘否定的思想），放弃了"详狂"的人生态度，而归宿到"受醢"的人生形式的范畴里。

　　对宇宙人生根本怀疑的思想，是屈原思想的第二个历程。但是怀疑的结果，仍然是空虚、怅惘，得不到合理的新释。于是在刹那间"理智至上"的信仰也动摇幻灭了。他重新肯定"感情是一切"，放弃了智慧层层的追求，抬高了直觉知识的估价，他没有怀疑，只有对现实的再执着与热恋。然而他在现实上的获得，试想除了失望与苦闷外，还有什么？所以他终于随了热情的冲动，怀着负伤的心灵，跳出烦恼的圈子，归入他思想的厌弃人世与凌空遨游的第三个历程里去了。

第五节　厌弃人世与凌空遨游

屈原是肯定人世为有价值的，所以他对于现实有强烈的留恋，没有超脱。这样，他为什么反有厌弃人世与凌空遨游的思想呢？这一方面固由于他对现实的失望，一方面也由于他感到人世的太荒凉。而其导火线却起于他与胞姊女媭在思想上的冲突（这毋宁说是他与时代思想的冲突）。我们知道屈原是一个唯情主义与天才论的肯定者，他是锋芒外露的；但是他的胞姊女媭的思想，却恰恰与他相反。她是一位老庄思想的笃信者，不主阳刚，而主阴柔；并且她视现实是无价值的，所以她的处世态度，是符合于"知雄守雌"的哲理的。但是，就在这两种思想的冲激里，却荡漾出了他们姊弟间的悲剧（也是人类的悲剧）。因为女媭视现实为无价值的，所以她看不惯她胞弟的对现实的执着；因为她的处世态度是主张阴柔的，所以她也看不惯她胞弟的锋芒外露；因为她觉得虚静超脱的人生是最有价值的，所以她也看不惯她胞弟的冲动苦闷的人生形式。她劝他须明哲保身，与世推移，《离骚》里说：

"女嬃之婵媛兮，申申其詈予。曰：'鲧婞直以亡身兮，终然天乎羽之野。汝何博謇而好修兮，纷独有此姱节？薋菉葹以盈室兮，判独离而不服。众不可户说兮，孰云察余之中情？世并举而好朋兮，夫何茕独而不予听？'"她劝他放弃理想，放弃姱节，不要凝滞于物，而要随俗浮沉。即是劝他放弃他天才的冲动的思想体系，而皈依到不为物先的静虚的老庄思想的领域里来。这就是劝他对人世超脱和采取"箕子详狂"的人生态度。但是胞姊对他的这种劝告，当然，他不仅不能接受，反而因此觉得人世加倍悲凉。因为他们姊弟间代表了两种极端相反的典型的人生形式之激荡，这两种思想体系的中间洋溢着冲突矛盾，根本没有和谐与同情，虽系姊弟，哪里还有相互的人生观上的了解呢？所以屈原伤心了。他以为，楚王壅君信谗，不了解他，没有关系！好蔽美称恶的党人不了解他，也倒罢了！甚至世人都不了解他，也只好任他们去了！只有胞姊的不了解他，骨肉中间的隔膜，是他最悲伤、苦痛而不能解脱的事，简直使他失掉了在人世上生活下去的勇气，到了这个地步的屈原，对一切的希望都幻灭了，他感到冰冷荒凉的人世，是不可再居留的了。在这种悲凉的生命情调里，从他的幽邃的心泉里，喷射出他的幻美的厌弃人世与凌空遨游的思想之浪花，像飞珠跳玉似的嵌在人类的心灵上，是那么活泼、生动、永远！试看他的凌空遨游吧！

一、对人世罪恶的控诉

人世既是罪恶的渊薮而又使他如此伤心与失望，所以在"已矣哉！国无人莫我知兮"的心理下，他负载人类过量的罪恶，只有向古圣贤哲与天国去陈诉了。

1.向重华陈诉

"济沅湘以南征兮，就重华而陈词：'启《九辩》与《九歌》兮，夏康娱以自纵。不顾难以图后兮，五子用失乎家巷。羿淫游以佚畋兮，又好射夫封狐。固乱流其鲜终兮，浞又贪夫厥家。浇身被服强圉兮，纵欲而不忍。日康娱而自忘兮，厥首用夫颠陨。夏桀之常违兮，乃遂焉而逢殃。后辛之菹醢兮，殷宗用而不长。禹汤俨而祗敬兮，周论道而莫差。举贤才而授能兮，循绳墨而不颇。皇天无私阿兮，览民德焉错辅。夫维圣哲以茂行兮，苟得用此下土。瞻前而顾后兮，相观民之计极。夫孰非义而可用兮？孰非善而可服？阽余身而危死兮，览余初其犹未悔。不量凿而正枘兮，固前修以菹醢。曾歔欷余郁邑兮，哀朕时之不当。揽茹蕙以掩涕兮，沾余襟之浪浪。'"（《离骚》）

一边是对光明的理想的憧憬，一边是对黑暗的现实的遗弃；一边是震荡着恶因有恶果的史迹的惶惧，一边是颤动着善有善报的行为的温慰。诗人纵观历史的结果，是获得"夫孰非义而可用兮？孰非善而可服"的人事变迁的铁律。但是，他所处的时代，恰恰是人间世最黑暗的时代，是圣贤们菹醢的时代，因之，诗人的忠心抱负和对美善向往的意志，举世滔滔而有谁了解呢? 所以他歔欷郁邑, 哀时不当, 最后是揽茹蕙掩涕, 眼泪浪浪了。这是滋润人世心灵干枯的雨露, 也是洗涤人类罪恶的圣水! 然而重华没有答复他, 他彷徨了。在他彷徨的心灵中, 于混乱里反而生出了光明的自觉, 在"耿吾既得此中正"的心理坚定状态里, 他要继续控诉, 到天国里去上陈。

2.向天国陈诉

"驷玉虬以椉鹥兮, 溘埃风余上征。朝发轫于苍梧兮, 夕余至乎县圃。欲少留此灵琐兮, 日忽忽其将暮。吾令羲和弭节兮, 望崦嵫而勿迫。路曼曼其修远兮, 吾将上下而求索。"(《离骚》)

这是他去天国陈诉前的西游, 也是他去世的开始。他朝由重华的葬地苍梧出发, 夕至昆仑的神山县圃。可是屈原的命运始终是多磨难的, 所以当他欲在县圃之门前少停的时候, 而日又忽忽其将暮了。这是多么不惬意的事呢! 因之, 他一方面命令日御徐行, 一方面也对命运做最后的挣扎, 他继续凌空遨游。

"饮余马于咸池兮, 总余辔乎扶桑。折若木以拂日兮, 聊逍遥以相羊。"(《离骚》)这是他的东游。最后他开始上升:

"前望舒使先驱兮, 后飞廉使奔属。鸾皇为余先戒兮, 雷师告余以未具。"(《离骚》)看在他起程的时候, 又产生问题了。但是, 他终于克服了一切的困难, "吾令凤鸟飞腾兮, 继之以日夜"地登程了。在他去天国的路上, 却又遇到了障碍: "飘风屯其相离兮, 帅云霓而来御。纷总总其离合兮, 斑陆离其上下。"这是飘风的势力, 也是屈原上升的困难。他又经过了许多的搏斗, 终于到达了天国之门。天国也是不公道的, "吾令帝阍开关兮, 倚阊阖而望予"。天国的门紧闭起来拒绝他。而时间又是"时暧暧其将罢兮",渐渐地昏暗起来,他在无可奈何之中,只有"结幽兰而延伫",在天门前踌躇了。最后,他虽然决定再次到昆仑山去,但是他留恋地面对着天门不禁流下眼泪来,他伤心的是连天国里都没有好人存在,也没有公道是非,所以他说:"世浑浊而不分兮,好蔽美而嫉妒!"天国里也是一样。他上诉天国的企图与希望幻灭了,只有寂寞与空虚,交织着心头的悲凉,他又陷入苦闷里去了。

二、求古美女

对人世罪恶控诉的结果,使他如此失望:他感到人间天上都是一样地浑浊、一样地贪婪,没能公道,没有真理,有的是"蔽美称恶"。所以他的心志也不想再向任何人陈诉了,他抱着饥渴的心情,去追求古代淑女,他希望在爱神温热的胸怀里,遗忘了现在,摆脱了现实的痛苦。

1.求神女

"溘吾游此春宫兮,折琼枝以继佩。及荣华之未落兮,相下女之可诒。"(《离骚》)他希望因下女以通意于神妃,最后仍然是失望。但是,他还是继续追求。

2.求宓妃

"吾令丰隆乘云兮,求宓妃之所在。解佩纕以结言兮,吾令蹇修以为理。"(《离骚》)

这是他追求宓妃的开始。而宓妃对他的态度是:"纷总总其离合兮,忽纬繣其难迁。夕归次于穷石兮,朝濯发乎洧盘。"她飘忽无定,显示着她的高贵与骄傲以拒绝他。所以屈原最后愤慨地说:"保厥美以骄傲兮,日康娱以淫游。虽信美而无礼兮,来违弃而改求。"他获得的仍然是失望,只有放弃了宓妃,而改求其他了。

3.求有娀之佚女(简狄)

"望瑶台之偃蹇兮,见有娀之佚女。"(《离骚》)

这又引起了他追求的兴趣。但是在追求方法的运用上,却使他的心灵陷入了一种矛盾状态中。他说:"吾令鸩为媒兮,鸩告余以不好。雄鸩之鸣逝兮,余犹恶其佻巧。"结果是:"心犹豫而狐疑兮,欲自适而不可。凤皇既受诒兮,恐高辛之先我。"他终于又失望了。

4.求二姚

"欲远集而无所止兮,聊浮游以逍遥。及少康之未家兮,留有虞之二姚。"(《离骚》)在彷徨里,他又虚构起留二姚的幻美和生动的希望。但是却在"理弱而媒拙兮,恐导言之不固"的心理状态下,他的希望幻灭了,留下的依旧是失望后的悲凉。

5.求湘君

"君不行兮夷犹,蹇谁留兮中洲。"(《湘君》) 这是他对湘君期待的热望,也是他对湘君追求的诚心。所以他为了行程的平稳,而祈祷上帝:"令沅湘兮无波,使江水兮安流。"但是,结果是"望夫君兮未来,吹参差兮谁思"。于是他开始追求:"驾飞龙兮北征,邅吾道兮洞庭。""望涔阳兮极浦,横大江兮扬灵。"追求的结果，依然是失望。所以一方面是"扬灵兮未极，女婵媛兮为余太息"，湘君的使女为他的失望而嗟叹；一方面是"横流涕兮潺湲，隐思君兮陫侧"，他自己也表现了失望后的过度悲哀。因之，他愤慨地说："心不同兮媒劳，恩不甚兮轻绝。""交不忠兮怨长，期不信兮告余以不闲。"最后他决定放弃了追求，"捐余玦兮江中，遗余佩兮醴浦"。这是他的决心的表示。但是，"采芳洲兮杜若，将以遗兮下女"，这更是他的心理矛盾的显露：他一面决定放弃追逐，一面又想因下女以致意。然而最后还是归结到"时不可兮骤得，聊逍遥兮容与"的彷徨无主的绝望的情调里去。

6.求湘夫人

"帝子降兮北渚，目眇眇兮愁余。"（《湘夫人》）

这是他对湘夫人眺望得心情躁急的吐露。所以他进一步地"登白薠兮骋望"，而"与佳期兮夕张"，竟成了他唯一的希望了。但是，佳人是姗姗来迟的。"沅有芷兮醴有兰，思公子兮未敢言；荒忽兮远望，观流水兮潺湲。"更说明了他的追求与期待的情绪。然而他这一次的追求毕竟是有所获得了，所以说："闻佳人兮召予，将腾驾兮偕逝。"而他与佳人的居处，是"筑室兮水中，葺之兮荷盖"。看这房子是多么高洁，多么没有尘俗气。他这一次应该永远地伴着神女的温柔，谱奏着心灵的琴曲，而远离了现实的苦恼，获得永恒的愉悦了。但是，刹那的快乐，一变即为永久的痛苦，这是上帝创造宇宙缺陷的定律。因此，"九嶷缤兮并迎，灵之来兮如云"，湘夫人又终于被帝舜迎走了。他的追求立刻又变成幻灭，"捐余袂兮江中，遗余褋兮醴浦"，他重新回到失望的悲哀里。

求女的结果终归是失望，所以他一边诅咒着"世浑浊而嫉贤兮，好蔽美而称恶"的人间，一边也如不羁之野马似的凌空驰骋与追求。

三、对神人爱慕与驰聘遨游

在他"有为"的意识和企冀中，虽然得到的是失望与幻灭的教训，但是他并不因此如老庄似的变成"无为"，他更要重新追求，重新创造，在这种心理下，便荡漾出对人世控诉与求女失败后的对神人爱慕与驰聘遨游。

1.对神人爱慕

（1）对云神的爱慕

"灵皇皇兮既降，焱远举兮云中。览冀州兮有余，横四海兮焉穷。思夫君兮太息，极劳心兮忡忡。"（《云中君》）他对云神丰隆的爱慕，获得的依旧是失望罢了。

（2）对少司命的爱慕

"满堂兮美人，忽独与余兮目成。"（《少司命》）

这是他与少司命交谊的开始，也是他对神人爱恋的衷心之实现。但是，人神的中间，毕竟自然地生就了永远的不可缩短的距离，那就是变化无常的、飘忽无定的神的行踪，却给喜欢"定""常"的人类以无限的痛苦。所以说："入不言出不辞，乘回风兮载云旗。悲莫悲兮生别离，乐莫乐兮新相知。"他一方面感觉到与少司命的新知之快乐；一方面也因为少司命的"入不言兮出不辞"的无定止的行踪，而发出了生别离之悲。终于在"倏而来兮忽而逝"的情况下，少司命远离了他，使他发出了"夕宿兮帝郊，君谁须兮云之际"的怅惘、失意和怀疑。"与女沐兮咸池，曦女发兮阳之阿。"这是他对少司命别后的唯一希望，但是，"望美人兮未来，临风怳兮浩歌"，他最后还是失望了。

（3）山鬼对人的爱慕

山鬼是屈原的化身。她对人的爱慕，最后还是失望。这也合于屈原的生命情调，所以把她也纳入屈原对神人爱慕的范畴里。

"若有人兮山之阿，被薜荔兮带女萝。既含睇兮又宜笑，子慕予兮善窈窕。"（《山鬼》）

这是多么漂亮的一位山鬼，自然应当引起人的爱慕了。但是，出乎她意料的是：她这样姱丽的容貌，竟没有人来追求她，于是她不能不怀着寂寞孤高的心情，反转来去亲人、近人，以至于追求人了。所以说："被石兰兮带杜衡，折芳馨兮遗所思。"表示了她对人的爱慕。"留灵修兮憺忘归，岁既晏兮孰华予。"这是她追求的成功，对所爱慕的人的苦留，以至于把握刹那即永恒的快乐之理趣。然而欢乐的反面，却是离忧之苦，所以山鬼终究又失望了。她伤心与她所留之人的由"合"到"离"，因而一边说"怨公子兮怅忘归"，以呼喊她内心的怨愤；一边说"君思我兮不得闲"，以想象他们互相间怀念的情绪。但是，最后在"君思我兮然疑作"里，她对公子是感到绝望的，剩下的只是她"思公子兮徒离忧"的追求幻灭后的心之悲哀而已。

2.与神人驰骋遨游

（1）与大司命驰骋遨游

"君回翔兮以下，踰空桑兮从女。"（《大司命》）这是他与大司命遨游的开始。"高飞兮安翔，乘清气兮御阴阳。吾与君兮齐速，导帝之兮九坑。"这是他们的凌空驰骋。"灵衣兮被被，玉佩兮陆离。一阴兮一阳，众莫知兮余所为。"这是屈原在遨游过程中所独自获得心灵之愉悦。但是，就在心之愉悦里，却又生了痛苦，那即是他与大司命的始合终离。所以他说："折疏麻兮瑶华，将以遗兮离居。"可见往日的从游，反做了今日怅惘的泉水。"老冉冉兮既极，不寖近兮愈疏。"这使他如何地失望？所以他终归是"羌愈思兮愁人"。复陷入愁苦的深渊里去了。

（2）与河伯驰骋遨游

"与女游兮九河，冲风起兮水扬波。"（《河伯》）他不仅与河伯游河之委的九河，还要游河之源的昆仑，所以说："登昆仑兮四望，心飞扬兮浩荡。"他获得的是心灵的解脱。但是，在解脱中又发生了对人世的执着，"日将暮兮怅忘归，惟极浦兮寤怀"。他又兴起了思归的情绪。然而，他旋即超越了这种执着的境界，而更与河伯遨游，所以又说："乘白鼋兮逐文鱼，与女游兮河之渚。流澌纷兮将来下。"但他究竟是留恋人世的，于是远离了河伯，从无烦恼的空灵的遨游的境界里，又回到罪恶的现实中来。"子交手兮东行，送美人兮南浦。"这是河伯的执手相送。在"波滔滔兮来迎，鱼鳞鳞兮媵予"的情境里，他又怀着寂寞、孤傲、留恋现实的心情，迈上了别离的征途。遨游的乐趣，也像一只银灰色的海燕似的，在辽阔的海上天空的尽处消失了。

（3）与重华驰骋遨游

"世浑浊而莫余知兮，吾方高驰而不顾。驾青虬兮骖白螭，吾与重华游兮瑶之圃。登昆仑兮食玉英，与天地兮比寿，与日月兮同光。"（《涉江》）

这是他与重华遨游所获得的高傲的片刻即永恒的心灵之愉悦。但是紧接着的是"哀南夷之莫吾知兮，旦余济乎江湘"的内心悲哀与荒凉。他又由欢愉归结到愁苦，从超脱复回到苦闷的生命情调里去了。

3.独自驰骋遨游

上天控诉与求女的失败，使屈原陷入一种"余焉能忍而与此终古"的苦闷状态里。这样，他一方面孕育出了对神人爱慕的思想；一方面也诞生出独自驰骋遨游的趣味。因为他的苦恼得不到解救，所以他"命灵氛为余占之"。占卜的结果是："勉远逝而无狐疑兮，孰求美而释女？"这是劝他远逝自疏。但是，屈原是留恋人世的，他在去世以前，一定是经过一个情理混战的阶段和一个心理极端矛盾的过程，所以他又求问巫咸，求问的结果，仍然是"勉升降以上下兮，求矩矱之所同"。也是劝他远逝和重新对理想追求，一如灵氛的占卜。因之，最后他决定了"和调度以自娱兮，聊浮游而求女"。他一边建立一个小己自足的愉悦的小宇宙，一边也在对理想重新追求和肯定了独自的驰骋遨游。

"灵氛既告余以吉占兮，历吉日乎吾将行。折琼枝以为羞兮，精

琼爢以为粮。为余驾飞龙兮，杂瑶象以为车。何离心之可同兮？吾将
远逝以自疏。邅吾道夫昆仑兮，路修远以周流。扬云霓之晻蔼兮，鸣
玉鸾之啾啾。朝发轫于天津兮，夕余至乎西极。凤皇翼其承旗兮，高
翔翔之翼翼。忽吾行此流沙兮，遵赤水而容与。麾蛟龙使梁津兮，诏
西皇使涉予。路修远以多艰兮，腾众车使径待。路不周以左转兮，指西
海以为期。"（《离骚》）

这是他远逝的决心，也是他独自遨游的计划。所以紧接着
他开始遨游："屯余车其千乘兮，齐玉轪而并驰。驾八龙之婉婉兮，
载云旗之委蛇。抑志而弭节兮，神高驰之邈邈。奏《九歌》而舞《韶》
兮，聊假日以偷乐。"（《离骚》）这是他车驾的威仪，是多么堂皇
富丽！因为他是贵族，所以一切的举动，都是豪华奢侈的，而丝
毫没有寒酸气。看他在遨游的当中，仍然是抑志弭节，徐行高
抗，志趣幽远，表示着天才的骄傲，获得了人间烦恼的解脱。但
是：

"陟升皇之赫戏兮，忽临睨夫旧乡。仆夫悲余马怀兮，蜷局顾而
不行。"（《离骚》）

他又从天国里坠落到现实的世界中来，即是他从超越烦
恼的空灵的境界里，重新坠落到苦痛的执着的领域中。因为他
热爱着故乡，热爱着楚国，也热爱着楚王，更热爱着人类，也热
爱着人间世。在层层"爱"的肯定里，这是他思想矛盾的源泉。
他虽然厌恶人世，想凌空遨游，但是，在凌空的愉悦境界的获得
里，他又执着于人间，留恋着现实，这造成他内心的不可解救的
痛苦。所以说在肯定现实是有价值的观念下，屈原的心灵，永远

地得不到超脱。

"上高岩之峭岸兮，处雌蜺之标颠。据青冥而摅虹兮，遂倏忽而扣天。吸湛露之浮源兮，漱凝霜之雱雱。依风穴以自息兮，忽倾寱以婵媛。"（《悲回风》）这也是在凌空遨游的喜悦里，忽然间又妙悟到人生的悲哀。因之，他从天上复回到人间来了：

"冯昆仑以澂雾兮，隐汶以清江。惮涌湍之磕磕兮，听波声之汹汹。纷容容之无经兮，罔芒芒之无纪。轧洋洋之无从兮，驰委移之焉止？"（《悲回风》）人间依旧是如此纷乱、昏昧，所以他终于还是彷徨、苦恼了。

厌弃人世与凌空遨游是屈原思想的第三个历程。在这个历程里，他虽然想尽了种种的方法去解脱苦痛，追求心界的空灵和喜悦，但是，追逐的结果，仍归于矛盾、失望，所以他最后又肯定了这个历程的空幻，他超越了这个历程，燃着感情的烈火，不再仰望天国，憧憬天上，以倔强苦战的姿态，重新回到人世间来。

第六节　从天国里坠落到人间世——现实的再执着

天国虽是一般人向往的超尘的乐土，解救世人的烦恼的精神之自由领域，但是一到了屈原的手里，就失掉了它这种神秘的力量，而变成平凡、单调与痛苦了。天国的陶醉虽然有时候带给他一种欢乐与喜悦，然而长久伴着他的仍然是寂寞与悲凉；

凌空的翱翔，虽然有时候带给他一种孤傲和高亢的心界空灵之愉悦趣味，但是，往常所获得的依旧是内心的空虚与怅惘；他虽然不断向太空里去追求渺茫的希望、不开花的理想和美丽的和谐秩序，然而结果依然是：一串串的失望，一串串的幻灭，交奏着一级一级的冲突、矛盾，构成了他生命情调的荒凉。所以他对天国的遨游终于又产生了厌恶，他对凌空的驰骋也发生了怀疑，甚至他对超尘的、小己拯救的愉悦也产生了价值的动摇。他重新以为人是有骨有血的灵物，既有奔放不羁的灵魂，也有一颗热烈奔放的心。因之，他主张人的乐园不是在天上，所以他反对"超无为以至清兮，与泰初而为邻"地把人来超升到天上，而高呼"魂兮归来，君无上天些"。他也主张人的乐园不是在地下，所以又说"魂兮归来，君无下此幽都些"。他主张人的乐园，正是在人间，所以说"魂兮归来，入修门些；魂兮归来，反故居些"。他并且以为人只有在人间，才能得到圆满人性的发挥：人间固然一方面洋溢了空虚、卑污和狡诈，但另一方面也充满了光、爱、美、力、温暖和真诚。这仿佛是一双涵容着人性的河流，交辉出善恶美丑的两种相反的异彩的绚烂，在它们的互相颤动与和谐里，才对应出人性的完整、美丽。因此，在人世的一切都是有价值的显露的肯定下，屈原乃从天国里重新坠落到人间世来了。但是，人间世又不像他想象的那么完美，那么有价值：他相信人间是光明的，但他看到的依旧到处是黑暗；他相信人间是有爱的，但他身受到的依旧是放逐的残酷；他相信人间是美的，但他看到的依然是人性的丑恶；他相信人间是充满了伟力的，但他看到的依旧是人性的怯懦、无耻、妥协；他相信人间是散布着友情、温暖的，但他看到的却是彼此间的敌对、冷酷；他相信人间是洋溢着诚恳、真实的，但他看到的反是人类的虚伪、狡诈。于是他彷徨、苦痛了。他含着伤心的眼泪，再度来正视现实，他发觉了他这颗热爱现实的心灵和启迪人类的意欲，依然得不到举世的了解，他与现实的中间，依然保持着不可缩短的距离：他虽然热爱着现实，但他决不愿对现实妥协屈辱；他虽然觉得在现实上依旧注定了不可挽回的失意的命运，但他也决不愿再超脱现实。对现实的再度的徘徊去就，造成了他内心的矛盾，一个极大的现实再执着的痛苦：

"吾宁悃悃款款，朴以忠乎？将送往劳来，斯无穷乎？宁诛锄草茅，以力耕乎？将游大人以成名乎？宁正言不讳以危身乎？将从俗富贵以偷生乎？宁超然高举以保真乎？将哫訾栗斯，喔咿儒儿，以事妇人乎？宁廉洁正直以自清乎？将突梯滑稽，如脂如韦，以洁楹乎？宁昂昂若千里之驹乎？将泛泛若水中之凫，与波上下，偷以全吾躯乎？宁与骐骥亢轭乎？将随驽马之迹乎？宁与黄鹄比翼乎？将与鸡鹜争食乎？"（《卜居》）

看这两条路，很明显地摆在屈原的面前：一条是崎岖，一条是平坦；一条是公道，一条是屈辱；一条是光荣，一条是卑污；一条是为他，一条是为己；一条是殉道，一条是自私。究竟何去何从，在他的内心里有着极大的斗争。可是他觉得"变节从俗"，是"易初而屈志"的事，而且"鸷鸟之不群兮，自前世而固然"。他终于很勇敢地选择了前一条最难走的路，而去追求"伏清白以死直兮，固前圣之所厚"（《离骚》）了。因此，他承担着可怕的流亡生涯的一切折磨与痛苦，怀着一颗坚峭、矛盾的心灵，倔强地与现实二次搏斗着，直到他生命的死亡。

一、去国与流亡

屈原既不能对现实妥协、屈辱，又不能超然高举以摆脱现实，所以他唯一的途径是对现实做绝望的挣扎，结果当然是去国与流亡了。

"去故乡而就远兮，遵江夏以流亡。出国门而轸怀兮，甲之朝吾以行。"（《哀郢》）

他是带着一种强烈的、颤动的情感开始去国的。流亡的生活虽然是一个可怕的长夜，但是，他为了信仰与理想却遗忘了这些。他觉得他的一切主张是对的，不过是生在了"哀朕时之不当"的时代里，没有人能了解他，所以说："信非吾罪而弃逐兮。"（《哀郢》）在他看来，放逐又算得了什么，而且"苟余心其端直兮，虽僻远之何伤！"（《涉江》）这更是他的一贯的信仰。他既伤心贤人的失位，也担心楚国的将亡，所以又说："宁溘死而流亡兮，恐祸殃之有再。"（《惜往日》）这些，都是他在苦痛中抚摸着他过去光荣的创伤，引起他愉悦的自慰的倔强与骄傲的地方。相反地，目前的实际情况和景象，也给了他无限的悲哀、荒凉。

"楫齐扬以容与兮，哀见君而不再得。"（《哀郢》）

"惟佳人之独怀兮，折若椒以自处。"（《悲回风》）

他眼看着与楚王一别便成永诀，这实在给了他无限的难过与痛苦。还有使他更痛苦的是：

"发郢都而去闾兮，怊荒忽其为焉极？……去终古之所居兮，今逍遥而来东。……背夏浦而西思兮，哀故都之日远。"（《哀郢》）

他远离了祖先的故都、宅舍，"孤子吟而抆泪兮，放子出而不还"（《悲回风》）的一去永没有再返回的希望，这实在是人世间最悲惨、最难过的事。所以他挥着两行眼泪，由于对祖国的过分热爱、怀恋，所以发出了依依的去国之情：

"望长楸而太息兮，涕淫淫其若霰。过夏首而西浮兮，顾龙门而不见。"（《哀郢》）

"乘鄂渚而反顾兮，欸秋冬之绪风。……船容与而不进兮，淹回水而疑滞。"（《涉江》）

他望楚都不见，他伤心地涕泣若霰，这是他的珍贵的泪水，也是他热情的奔流。至此，他甚至没有去国与流亡的勇气了。所以又说："惟郢路之辽远兮，江与夏之不可涉。"（《哀郢》）而且还有一个实际的更重要的问题摆在他的面前，那便是：茫茫宇宙，何处是他的归宿呢？

"心婵媛而伤怀兮，眇不知其所蹠。顺风波以从流兮，焉洋洋而为客。凌阳侯之泛滥兮，忽翔翔之焉薄。"（《哀郢》）

充分摄照出一个流亡者在无目的的旅程上的一片荒凉的情调。所以在无可奈何中，他虽然是希望"狂顾南行，聊以娱心兮"（《抽思》）求得自我心灵之喜悦；但是，终于还是"心絓结而不解兮，思蹇产而不释"（《哀郢》）了。

二、卫道与信仰

屈原虽然在流亡中过着悲伤、忧郁的日子,忍受了人世间的折磨与痛苦,像那些无量数的苦难、灾害,可能有时候是会损坏了他的躯体的健康的,但是从不能折服他的意志的坚定,灵魂的倔强。他有的是卫道的精神,固执的信仰。这是他生命的意义,也是他能在苦难里继续生活下去的道理。

"哀吾生之无乐兮,幽独处乎山中。吾不能变心而从俗兮,固将愁苦而终穷。接舆髡首兮,桑扈臝行。忠不必用兮,贤不必以。伍子逢殃兮,比干菹醢。与前世而皆然兮,吾又何怨乎今之人?余将董道而不豫兮,固将重昏而终身!"(《涉江》)

他不能"变心从俗",甘愿"愁苦终穷";他既愿"董道不豫",也愿因此而"重昏终身"。可见他所谓"董道"之"道",即是"不变心从俗"了。这是天才们的"道",也是屈原的信仰。在他的诗里,我们随时可以看到他把人类分成了对立的两种:天才与俗人。

"鸟兽鸣以号群兮,草苴比而不芳。鱼葺鳞以自别兮,蛟龙隐其文章。故荼荠不同亩兮,兰茝幽而独芳。"(《悲回风》)

小人往往是好朋党的,所以比作鸟兽号群,草苴比而不芳;天才常常是孤独的,所以比作兰茝幽而独芳。又小人是好炫耀的,所以像鱼葺鳞以自别;天才是朴实的,所以像蛟龙隐其文章。而天才与俗人的关系,一向又是"荼荠不同亩"似的矛盾、对立着。这样，天才们的悲剧便由此诞生了。所以有伍子逢殃、比干葅醢的惨遇，也有忠不必用、贤不必以的事实。这在屈原一方面肯定了前世皆然的铁律，一方面又有吾又何怨乎今之人的倔强。就在他这个思想的理路里，便激荡出了"吾将以为类兮"的卫道的精神和殉信仰的决心了。屈原为了卫护他的道与信仰——天才是超越在俗人之上的，勇敢地接受了放逐。在他看来，放逐虽然在现实的人间使他得到暂时的磨难与痛苦，但是在他的精神的信仰的领域里，却得到永恒的解救。是以他在极端的痛苦中，往往以信仰的巨手，抚摸他的创伤，得到会心的温慰：

"抚情效志兮，冤屈而自抑。刑方以为圜兮，常度未替。易初本迪兮，君子所鄙。章画志墨兮，前图未改。内厚质正兮，大人所盛。"（《怀沙》）

还有："惩违改忿兮，抑心而自强。离愍而不迁兮，愿志之有像。""民生禀命，各有所错兮。定心广志，余何畏惧兮。"（《怀沙》）"广遂前画兮，未改此度也。"（《思美人》）"怜思心之不可惩兮，证此言之不可聊。宁溘死而流亡兮，不忍此心之常愁。"（《悲回风》）在他的坚定的信仰的圈子里，实在鼓起了他和现实战斗的勇气。也正因为他有如此固执的"道"与"信仰"，所以使他一边有超出于一般俗人之上的骄傲；一边有被俗人所摒弃的悲哀："夫惟党人之鄙固兮，羌不知余之所臧。""古固有不并兮，岂知其何故也。"（《怀沙》）所以在屈原的卫道与信仰的肯定下，他永远与现实隔离（虽然他是在热爱着现实的），英勇不断地扮演着人生的悲剧。

三、寂寞与荒凉

屈原在执着于他的理想和信仰的时候，他显示着人生的充实、倔强，象征着人生的"九死未悔"的固执的美。但是充实、执着的结果，一转就是心灵的寂寞与荒凉了。譬如说，他一向是抱着"宁溘死以流亡兮，余不忍为此态也"的主张与态度，但是，等到他真正地迈上了流亡的征途的时候，反而是寂寞代替了内心的充实，荒凉代替了意志的倔强。

"哀南夷之莫吾知兮，旦余济乎江湘。"(《涉江》)

这是孤独的寂寞的灵魂之呐喊，也是他荒凉的内心之呼吁。还有使他最忍受不了的，是流亡后的一片悲凉的景象："入溆浦余僮佪兮，迷不知吾所如。深林杳以冥冥兮，乃猿狖之所居。山峻高以蔽日兮，下幽晦以多雨。霰雪纷其无垠兮，云霏霏而承宇。"(《涉江》)这样的景象永远地陪伴着他，又哪能不格外地增加他的寂寞与荒凉呢！所以他孤单地痛哭了。如《哀郢》说："涕淫淫其若霰。"《悲回风》说："涕泣交而凄凄兮，思不眠以至曙。终长夜之曼曼兮，掩此哀而不去。"这是他倔强后的绝望的眼泪啊！在他绝望的当中，也很容易勾引起他对往时的盛况的回忆。因为在黑暗里渴望光明，在愁苦中憧憬快乐，本是人情之常，也是心灵上迫切的需要。所以《惜往日》，正是他这种心情的结晶。他对往事的向往与恋恋不忘，却给他带来了一种回味的愉悦，也给他带来了一种幻灭的悲哀。他有时候也登高远望，追求孤傲的目旷神怡的对烦恼的超脱，所以《悲回风》说："登石峦以远望兮，路眇眇之默默。入景响之无应兮，闻省想而不可得。愁郁郁之无快兮，居戚戚而不可解。心鞿羁而不开兮，气缭转而自缔。穆眇眇之无垠兮，莽芒芒之无仪。声有隐而相感兮，物有纯而不可为。藐漫漫之不可量兮，缥绵绵之不可纡。愁悄悄之常悲兮，翩冥冥之不可娱。"但是结果还不是无限的寂寞、无限的荒凉，交奏着无限的忧郁、烦恼和苦痛吗？这一段确实能传达出他的心情与外界音容的呼应和交感，刻画出他的心理是在倔强后的寂寞与荒凉了。

四、思国与怀乡

屈原一向执着于现实，热爱着国家；一旦背井离乡，过着异乡的流亡生活，他又哪能不思念它们呢？尤其是他流亡后的孤独与寂寞，更加重了他这种心情，于是他无时不在低吟着思国与怀乡的调子了。

"羌灵魂之欲归兮，何须臾而忘反。……忽若去不信兮，至今九年而不复。"（《哀郢》）

可见他期待着"一反"的迫切的心情了。然而楚王始终是不召他回去的。所以他"望北山而流涕兮，临流水而太息。望孟夏之短夜兮，何晦明之若岁？惟郢路之辽远兮，魂一夕而九逝。曾不知路之曲直兮，南指月与列星。愿径逝而未得兮，魂识路之营营"（《抽思》）。这是他思国的痛哭，这是他怀乡的寂寥的神情："魂一夕而九逝。""魂识路之营营。"这更是他思国与怀乡的梦幻的宗教意识的表现了。但是，他的思国与怀乡，除了增加精神上的苦楚外，在事实上毕竟是徒然的，最后他绝望了，重新陷入"曼余目以流观兮，冀一反之何时？鸟飞反故乡兮，狐死必首丘。信非吾罪而弃逐兮，何日夜而忘之"（《哀郢》）的悲哀、忧郁、苦痛的深渊里去。

五、穷途与绝望

"任重载盛兮，陷滞而不济。怀瑾握瑜兮，穷不知所示。"（《怀沙》）

屈原实在是到了穷途与绝望的地步了。他失掉了绚烂的理想，他幻灭了惊人的抱负，他眼看着超人的才力，也被人世所摒弃。他有的是悲凉的放逐的现在和命运不可知的未来，无的是辉煌的"王甚任之"的过去的时日了。虽然他怀念着楚王，而说："惟佳人之独怀兮，折若椒以自处。曾歔欷之嗟嗟兮，独隐伏而思虑。"（《悲回风》）但是他也明知道不能再有"王甚任之"的重演。虽然他热爱着楚国，而说："鸟飞反故乡兮，狐死必首丘。"（《哀郢》）但是在楚国破亡的时候，他除了写下"曾不知夏之为丘兮，孰两东门之可芜"（《哀郢》）这样伤心的血泪的文字外，也知道在实际的救亡上再也没有力量。因为他早已被党人缢死了他的政治生命，以一文弱的诗人，他还有什么力量去挽国家于垂危呢？他对他自己的天才，虽然也始终具有自信，而说："怀质抱情，独无匹兮。"（《怀沙》）然而一转念间就是："伯乐既没，骥焉程兮。"而有谁了解他的悲哀！他的高人一头的政治见解，不容于当时昏昧的楚国；他的超人的天才，也不见谅于一般愚蠢的俗人。他在现实上的一切，处处是穷途，所以他绝望了。但是还有更使他难堪的是"岁曶曶其若颓兮，时亦冉冉而将至。蘅槁而节离兮，芳以歇而不比"（《悲回风》）。在折磨苦难的生活中，他忽焉到了衰老之期了。这又是多么令人伤心哪！然而倔强是屈原的天性；奋斗、不妥协、不向命运低头，更是他一贯的作风。现实的穷途、绝望，就能使他屈服吗？不，他仍然在绝望中战斗，在穷途上挣扎。他痛斥楚君的寡恩，伤心于楚国的将亡，所以说："君无度而弗察兮，使芳草为薮幽。""吴信谗而弗味兮，子胥死而后忧。介子忠而立枯兮，文君寤而追求。封介山而为之禁兮，报大德之优游。"（《惜往日》）他诅咒时代的反常与变态，所以说："鸾鸟凤皇，日以远兮。燕雀乌鹊，巢堂坛兮。……腥臊并御，芳不得薄兮。阴阳易位，时不当兮。"（《涉江》）他痛骂俗人的浅薄与愚惑，所以说："世浑浊莫吾知，人心不可谓兮。"（《怀沙》）"观南人之变态。"（《思美人》）但是倔强的结果，还不仍是"登高吾不说兮，入下吾不能"，陷入穷途与绝望之境吗？到此屈原的一切希望都幻灭了，剩下的只有内心的冲突、矛盾后的混乱与过重的悲哀而已。这样，屈原既对人生绝望，那么，他的生命的继续还有什么意义呢？我们知道他的性格又绝不怯懦，而是十分勇敢的。所以他说："知死不可让，愿勿爱兮。明告君子，吾将以为类兮。"（《怀沙》）这是何等的明确、坚定，把死比爱还热烈地拥抱的态度！看他从穷途与绝望里，又发展到另一条路子上去，那便是倔强的"死"！

六、殉理想——死

"现世诚可贵，生命价更高；为了理想故，两者皆可抛。"

屈原是不怕死的，这是从他对"生"的看法里所引申出来的结果：屈原是爱惜生命的，他怕韶光逝去，所以有"汩余若将不及兮，恐年岁之不吾与"（《离骚》）的警惕。但他的爱惜生命，并不是为了生命的本身，而为的是有生命便可以贯彻理想。以生命与理想比较，在屈原看来，则理想重而生命轻。为了保全生命而牺牲理想，是他绝不肯做的事。到了生命与理想不能两全的时候，屈原宁可不要生命！所以屈原是不怕死的。不过，他的不怕死，并不是不爱生，不到不得已的时候，他是绝对不放弃生的。从生存走到死亡，在屈原是一个可怕的挣扎的过程。在离开人世以前，他对于人世有着无限的留恋；只要可能生无悖于他的理想，他是要活着的。如《哀郢》里云："曼余目以流观兮，冀一反之何时？鸟飞反故乡兮，狐死必首丘。信非吾罪而弃逐兮，何日夜而忘之！"《抽思》里也说："惟郢路之辽远兮，魂一夕而九逝。曾不知路之曲直兮，南指月与列星。愿径逝而未得兮，魂识路之营营。"难道不为这临死的哀鸣，而流下同情之泪来？只要"一反有时"，能实现他的理想，能完成他的抱负，屈原是不会死的。可是悲哀就在这里了，也或者是人生之谜吧，屈原虽然热爱着人世，但是他对人世的态度，却使他们二者中间形成了不可缩短的距离。他的人生主张是："安能以身之察察，受物之汶汶者乎？宁赴湘流，葬于江鱼之腹中。安能以皓皓之白，而蒙世俗之尘埃乎？"（《渔父》）不能以洁白之身，受物之玷辱；不能以皓皓之白，而蒙世俗之尘埃。这正是他与人世冲突的基本心理，也是决定他自沉的根本动机。这么浑浊的世界，和一个像屈原那样有着高尚、纯洁、伟大的人格的人是绝对不能相容的。所以屈原所希望的"一反何时"，终于随着期待的漫漫长夜化为泡影；对于人类过分的热爱和理想，终于也做了一现的昙花。最后，这位不怕死而又不愿死的人，却不得不倔强而又痛楚地唱着"已矣哉！国无人莫我知兮，又何怀乎故都？既莫足与为美政兮，吾将从彭咸之所居"（《离骚》）的调子，亲手去扼杀自己的生命，造成了千古一大悲剧。

对现实的再执着，是屈原思想的第四个历程。在这个历程里，屈原负荷着人世过量的痛苦、悲哀；怀着一颗忧郁、矛盾的心灵，从流放走到死亡。死是一只可怕的黑手，它夺去了我们的诗人的生命，但诗人的著作和他对现实的执着、挣扎、留恋与生之强烈的思想，却以永恒不灭的光辉照耀着人类，我们的诗人是长存的！

第五章　屈原的艺术

刘彦和《文心雕龙·辨骚》篇说："自风雅寝声，莫或抽绪，奇文蔚起，岂《离骚》哉？故以轩翥诗人之后，奋飞辞家之前，岂去圣之未远，而楚人之多才乎？……固知楚辞者，体慢于三代，而风雅于战国，乃雅颂之博徒，而词赋之英杰也。"可知"骚体"的滋盛虽在战国之际，但是却植根于三代之时。它既代替北方的《诗经》去扩大了诗的园地，它所独创的局面却是富于刺激与图绘性的艺术。屈原就是这时候的第一个伟大的完成"骚体"的诗人，所以班固《离骚序》说："其文弘博丽雅，为辞赋宗；后世莫不斟酌其英华，则象其从容。"《文心雕龙·辨骚》篇又说："观其骨鲠所树，肌肤所附，虽取镕《经》意，亦自铸伟辞。故《离骚》《九章》，朗丽以哀志；《九歌》《九辩》，绮靡以伤情；《远游》《天问》，瑰诡而惠巧；《招魂》《招隐》，耀艳而深华；《卜居》标放言之致；《渔父》寄独往之才。故能气往轹古，辞来切今，惊采绝艳，难与并能矣。自《九怀》以下，遽蹑其迹，而屈宋逸步，莫之能追。故其叙情怨，则郁伊而易感；述离居，则怆怏而难怀；论山水，则循声而得貌；言节候，则披文而见时。"沈约《宋书·谢灵运传论》说："自汉至魏，四百余年，辞人才子，……各相慕习，原其飙流所始，莫不同祖《风》《骚》。"可见屈原首先完成了骚诗的艺术和体制，永远地成为后代诗人的模范和宗师了。

第一节　《诗经》与屈赋的比较

《诗经》是北方文学的产物，屈赋是南方文学的代表，从《诗经》到屈赋的过程中，是经过了三百多年的长时间诗坛的苦闷的。那时北方文学没落（原因待考），至战国屈赋代之而兴，宋李纲说："《诗》亡，后楚辞作。"这是很恰当的说明。这时诗不仅在形式上从短篇里解放出来，而走入长篇的自由康壮的大路；并且在诗的创作方式上，也由《诗》三百篇的民族文学，转变为屈赋的个人文学了。所以《文心雕龙·辨骚》赞里说："不有屈原，岂见《离骚》？"但就在民族文学到个人文学的发展转递里，在艺术上却孕育出了具有个性的崭新的面目，胚胎出另一种风姿。

一、就形式上比较

1.字　《诗经》形容词多用叠字。如关关、喈喈……是状声音；夭夭、灼灼……是状物态；岩岩，是形容山；洋洋、汤汤……

是形容水；养养，是心理；采采……是动作。

在《诗经》里，形容各种不同情况的叠字，有四五百种之多。屈赋则多用骈字（连绵字）。骈字的构成：一是缘于双声，如赫曦、陆离、参差、仿佛等是。二是起于叠韵，如盘桓、裴回、徙倚、栖迟等是。骈字运用的规则是重声不重本字。即用两不同的声音以形容一事。是以，骈字分之而各有本义，双字的联合，始构成一成语；又因其每字之本义与成语之义无关，故可换字而保其同声，即换字不换声。如陆离是形容长剑低昂貌，这是一骈字的成语。但陆，大陆也；离，仓庚，黄鸟也。二字合之无大陆及黄鸟义，而为长剑低昂貌。又盘桓一骈字，盘，澡盆也，桓，木椿也，合之乃形容徘徊貌。但以重声不重本字关系，陆离又可以换作淋离、琳琅。盘桓也可以换作徘徊、裴回。是以声传无尽，而骈字的意义不变。又如《离骚》："怨灵修之浩荡兮。"按：浩为无思虑貌，其语根为喉舌音，如同《尚书》之驩兜，并可转为浑敦、糊涂、荒唐、混蛋。嵯峨可转为崔嵬、崒兀、乍嵼、崭岩、孱颜。由此观之，屈赋的用字是较《诗经》复杂了。就时间上说，《诗》三百篇为时较早，故用叠字，屈赋后起，故用连绵语言，但亦有用叠字处，如岌岌等，惟不甚多。就空间上说，西南方善用叠字，如绳为索索，板为板板。叠字是原始语言，可见屈赋在用字的艺术技巧上是进步的了。

2.句 《诗经》多短句，虽有二言至九言者，如"祈父"是二言；"振振鹭"是三言；"谁谓雀无角，何以穿我屋"是五言；"俟我于著乎而"是六言；"如彼筑室于道谋"是七言；"我不敢效我友自逸"是八言;"毋金玉尔音而有遐心"是九言,但以四言为主。屈赋之《天问》《橘颂》多为四字句,《九歌·东皇太一》:"吉日兮辰良,穆将愉兮上皇。"《湘君》:"君不行兮夷犹,蹇谁留兮中洲。"则字句渐长。至《离骚》乃为长句,如"帝高阳之苗裔兮,朕皇考曰伯庸"。可见除四字句与《诗经》相同外,余多为六言句。所以说屈赋多为长句,并善以"兮"字为语助。

3.调　《诗经》篇有数章,最少是有二章,章虽不一,但每章所说的对象则相同,是为重调。例如《秦风·蒹葭》:

"蒹葭苍苍,白露为霜。所谓伊人,在水一方,溯洄从之,道阻且长,溯游从之,宛在水中央。

蒹葭凄凄,白露未晞。所谓伊人,在水之湄,溯洄从之,道阻且跻,溯游从之,宛在水中坻。

蒹葭采采,白露未已。所谓伊人,在水之涘,溯洄从之,道阻且右,遡游从之,宛在水中沚。"

在这三章诗里,可见第二、三章的诗只换了第一章的诗韵,而所歌咏的事象仍一,此为反复格,即是重调。反复格在《雅》《颂》里少见,在《国风》中则甚多,此乃民间所作,取材简单之故。在屈赋里,如《九歌》十一章,章不相同。所以说重调不见于屈赋了。

4.篇　《诗经》短者仅有二三十字,长者四百余字,故均可谓之短篇。屈赋《离骚》有两千五百字左右,《天问》亦有两千多字,较之《诗经》,可算是长篇了。

二、就内容上比较

1.取材方面　《诗经》的取材为实际的。它所歌咏的，即为当时人间实有的。所以《诗经》里多不离草木鸟兽，因为草木鸟兽为实有的，毫无神秘的色彩。如凤凰在《诗经》中为凡鸟，至孔子时，则有"**凤鸟不至，河不出图**"之叹，足证《诗经》为写实文学了。《生民》一诗，为赞美姜嫄生后稷的故事；《玄鸟》"**天命玄鸟，降而生商**"，也是对简狄吞卵而生契的颂歌。这些，看来虽都是神话，但实在是叙述当时的传说，绝非诗人的虚构或自造。所以也应该属于实际的材料的范围。以幻想构成的诗章，在《诗》三百篇里是没有的，它所有的倒是耳目所习见的事。屈赋的取材，则非实际的，而为幻想的。屈原是以幻想打破了古今人的界限，如在《离骚》里就向重华陈辞，是与古人说话；次如求宓妃（伏羲女），求有娀（契母），求二姚（少康妻），是求神女为侣；《九歌》的湘君、湘夫人，皆为其追求的对象；《离骚》的羲和（日神）、望舒（月神）、飞廉（风神），也是他役使的奴仆。可见屈原是以想象为文的第一人了。

2.人神的关系　《诗经》里写神像是用"板板"做状词的。如"上帝板板"，充分地写出了神的尊严，也即是说人对神敬畏多于爱亲，这是抽象化的北方的神。屈赋里的神，音容笑貌是完全与人同的；所以人神的中间，没有界限。因之，它多写人神恋爱，如在《离骚》中追求女神，在《山鬼》里神亦追求人，结果均为悲观、失望。此神为具体化的，为南方的神。所以描写人与神爱慕的文学也自屈原始了。

  3.对人世的看法 《诗经》里所表现的多半是厌世的情调，把人世、来世看作无价值的。如《苕之华》诗："苕之华，其叶青青，知我如此，不如无生。"相反地，屈赋却肯定人世是有价值的，它所表现的情调，是喜欢人世和留恋人生的。是以它对刹那间的感觉上的享受，也很注意，觉得它们也是有价值的；并且以为天上是不如人间的。如《招魂》里，劝魂不要上天，不要下地，而冲魂"入修门（楚国门）些"。这里有宫室、音乐、美女等享受，显示了人世间的可爱。觉人世间有灵有肉，颇与希腊人的思想相同。今道教之神，重视尸体的长生，重视尸体的享受，不重灵魂，这倒有点像屈原的精神。

三、就时间上比较

  《诗经》在前，屈赋在后。《诗经》所收集的大半是自西周至春秋中叶的诗。按周初文王之世即有诗，如《大雅·文王》。有人说文武之称为谥号，非是，古人自可称文武。虽然也有人说《文王》是作于周公之手（据《墨子》《吕氏春秋》说）。但由《孟子》所说的《灵台》之诗观之，得证文王时是有诗的了。至春秋中叶，《陈风》之《株林》，在《诗经》中为较晚的诗，而其形式是参差的，到了屈赋有更多长短句，可见诗的演化嬗变之迹了。

四、就空间上比较

这即是说文学有南北之分，此学说为相对可靠。刘师培有《南北文学不同论》（见《国粹学报》），论之颇详。但刘说也并不是绝对可靠，其可靠的程度，当以政治是否分南北而定。战国时政治上不统一，故文学也有南北的分别。屈赋是南方文学的代表，内容多虚无幻想；《诗经》为北方文学的代表，内容多为实际生活。（余详第四章第一节。）

《诗经》与屈赋，本是嵌在中国古代诗国里的两颗长明的星，它们互相交辉着人类的高贵和伟大，投映出人类的自由、爱美、向善的生命、意志和灵魂。但是，因为它们坐落的空间不同和所处的时间的差异，所以孕育出了它们不同的面貌与风姿。

第二节　屈赋文例

屈原在诗的创作过程里，为了驾驭诗材的方便，乃巧妙地铸陶出他的"屈赋"文例，做了后代诗人在艺术上模仿的规范。

一、朕余吾我的用法

"吾""我"二字的用法相同，是可以独用的。如《离骚》：

"纷吾既有此内美兮""恐年岁之不吾与""吾将远逝以自疏"……"国无人莫我知兮";《抽思》:"昔君与我成言兮"……"朕""余"二字,则表示有所属的意义,即我的。例如《离骚》:"朕皇考曰伯庸""回朕车以复路兮""怀朕情而不发兮";又"余焉能忍而与此终古""初既与余成言兮""余既不难夫离别兮""高余冠之岌岌兮,长余佩之陆离"。可见"朕"字是不可以独用的;"余"字则有时候是可以独用的,有时候是不可以独用的。"余"字是介乎"吾""我""朕"之间的。

二、用"也"字的例

"也"字为语助,作叹声,在句外,去之无损文义,用时则多为双叠。例如《离骚》里说:"余固知謇謇之为患兮,忍而不能舍也。指九天以为正兮,夫惟灵修之故也。""何昔日之芳草兮,今直为此萧艾也;岂其有他故兮,莫好修之害也。"《思美人》里也说:"未改此度也;……愿及白日之未暮也;……思彭咸之故也。"《惜诵》:"惩于羹者而吹齑兮,何不变此志也?欲释阶而登天兮,犹有曩之态也。众骇遽以离心兮,又何以为此伴也?同极而异路兮,又何以为此援也?"可知《离骚》《惜诵》等用"也"字,都是双叠的。《思美人》用三"也"字重叠者,乃是因为押韵的关系。"也"(邪)字即今之"呀"字。

三、用"固"字例

屈赋里凡写沉痛憎恶的地方，都用"固"字的方式写之。例如《离骚》："固时俗之工巧兮，偭规矩而改错。""鸷鸟之不群兮，自前世而固然。""伏清白以死直兮，固前圣之所厚。""不量凿而正枘兮，固前修以菹醢。"……《惜诵》："固烦言不可结而诒兮，愿陈志而无路。"《涉江》："余将董道而不豫兮，固将重昏而终身。"……

四、形容字置于句前例

《离骚》："纷吾既有此内美兮，又重之以修能。""汩余若将不及兮，恐年岁之不吾与。""高余冠之岌岌兮，长余佩之陆离。""忳郁邑余侘傺兮，吾独穷困乎此时也。""纷总总其离合兮，斑陆离其上下。"《惜诵》："纷逢尤以离谤兮，謇不可释也。"把形容字放在一句的前面，是屈原在艺术上特有的发现与创获，后日杜工部的《陪郑广文游何将军山林》诗："绿垂风折笋，红绽雨肥梅。"将带色字置于句前，正是受了屈赋的影响。

五、对文之例

1."朝——夕" 在屈赋中此二字是常相对待的。如《离骚》："朝搴阰之木兰兮，夕揽洲之宿莽。""朝饮木兰之坠露兮，夕餐秋菊之落英。""朝发轫于苍梧兮,夕余至乎县圃。""夕归次于穷石兮,朝濯发乎洧盘。""朝发轫于天津兮,夕余至乎西极。"《湘君》:"朝骋骛兮江皋,夕弭节兮北渚。"《湘夫人》:"朝驰余马兮江皋,夕济兮西澨。"《涉江》:"朝发枉渚兮,夕宿辰阳。"

2."既——又"　《离骚》:"纷吾既有此内美兮,又重之以修能。""余既滋兰之九畹兮,又树蕙之百亩。""既替余以蕙纕兮,又申之以揽茝。""既干进而务入兮,又何芳之能祗?"《山鬼》:"既含睇兮又宜笑。"《国殇》:"诚既勇兮又以武。"《抽思》:"惸茕独而不群兮,又无良媒在其侧。"……

六、同名异义例

《离骚》:"夫惟灵修之故也""伤灵修之数化"……在此篇里的灵修是指楚君。《山鬼》:"留灵修兮憺忘归",此处的灵修是指山鬼所留之人。在《九歌》里所用的"灵"字,或指巫,如《东皇太一》:"灵偃蹇兮姣服";或指神,如《云中君》:"灵皇皇兮既降"。又屈赋里的"君"字,或指神,如《云中君》:"思夫君兮太息";《湘君》:"君不行兮夷犹";《东皇太一》:"君欣欣兮乐康"。或指楚君,如《九章》里所称之君是。《惜诵》:"吾谊先君而后身兮"……或指所思慕之人,如《山鬼》:"君思我兮不得闲"。又"佳人"一词,在《湘夫人》里"与佳期兮夕张""闻佳人兮召予",是指湘夫人;在《悲回风》里"惟佳人之独怀兮",则指的是楚王。又兰草一物,或指自己,在屈赋中以芳草自喻的地方,不胜列举；或指的是人才，如《离骚》："余既滋兰之九畹兮"；或指的是时人，如"兰芷变而不芳兮"。又是女媭媛一词，在《离骚》："女媭之婵媛兮"，此"女"字指的是屈原之姊；在《湘君》："女婵媛兮为余太息"，就是指神之使女了。

七、足句之字例

《离骚》："济沅湘以南征兮，就重华而陈词。"按：沅水发源于贵州，湘水发源于广西，就地理上言之，屈原南去苍梧，不走沅水，应循湘水，故"沅"为足句之字。又如"既遵道而得路"，实则"道"即"路"；"聊逍遥以相羊"，相羊即是逍遥。这都是足句之字例。

第三节 对偶

屈赋的文体，本来是对偶的文体，它是两句一韵，两韵一换的。刘彦和《文心雕龙·丽辞》篇说："故丽辞之体，凡有四对：言对为易，事对为难，反对为优，正对为劣。"可见在对偶中以反对为最感人了。屈原的"反对"至工。例如《离骚》："朝搴阰之木兰兮，夕揽洲之宿莽"是上下。"初既与余成言兮，后悔遁而有他"是先后。"朝饮木兰之坠露兮，夕餐秋菊之落英"是朝夕。"步余马于兰皋兮，驰椒丘且焉止息"是上下。"进不入以离尤兮，退将复修吾初服"是进退。"何昔日之芳草兮，今直为此萧艾也"是善恶。《湘君》："采薜荔兮水中，搴芙蓉兮木末"是上下。"鸟次兮屋上，水周兮堂下"是上下。《涉江》："山峻高以蔽日兮，下幽晦以多雨"是上下……至于屈原的言对、事对、正对，其工练为反对所掩，故不一一论列了。

第四节　比兴

刘彦和《文心雕龙·比兴》篇说："楚襄信谗，而三闾忠烈，依诗制骚，讽兼比兴。"《辨骚》篇也说："虬龙以喻君子，云蜺以譬谗邪，比兴之义也。"沈德潜《说诗晬语》说："《楚辞》托陈引喻，点染幽芬于烦乱督忧之中，令人得其悃款悱恻之旨。"可见屈赋是善用比兴了。《离骚》："朝搴阰之木兰兮，夕揽洲之宿莽"是自我充实与修养的象征；"余既滋兰之九畹兮，又树蕙之百亩"是培植人才的比拟。"鸷鸟之不群兮，自前世而固然"是天才们的拟态。"何琼佩之偃蹇兮，众薆然而蔽之"是小己遭遇的写照。最足以使人惊叹为绝妙的是《湘君》的"采薜荔兮水中，搴芙蓉兮木末"；《湘夫人》的"鸟何萃兮蘋中，罾何为兮木上""麋何食兮庭中，蛟何为兮水裔"。活用着大自然的物性，比拟出缘木求鱼的情调和由追求到幻灭的悲凉状态，并且点化出心灵上的苦闷。《思美人》

说："愿寄言与浮云兮，遇丰隆而不将；因归鸟而致辞兮，羌迅高而难当。"诗人又把浮云、归鸟来象征他对人世间的爱慕与希望，丰隆不将和羌迅高难当，更烘托出他对人世的悲哀与绝望，以及他一生的苦难和烦恼。"令薜荔以为理兮，惮举趾而缘木。因芙蓉而为媒兮，惮褰裳而濡足。"他更把居高位的显贵，比作无知觉的林木，把营营的俗人，比作濡足的污水，诗人对他们的徘徊去留的神情，正可以刻画出他心灵的苦恼与矛盾和他的生命情调的冲突。王逸《离骚序》说："《离骚》之文，依《诗》取兴，引类譬谕：故善鸟香草，以配忠贞，恶禽臭物，以比谗佞，灵修美人，以媲于君；宓妃佚女，以譬贤臣；虬龙鸾凤，以托君子；飘风云霓，以为小人。"可知屈赋比兴，王氏先有论断，兹不详述了。

第五节　图绘性

《文心雕龙·诠赋》篇说："赋者铺也，铺采摛文，体物写志也。……及灵均唱《骚》，始广声貌。然赋也者，受命于诗人，拓宇于《楚辞》也。……赞曰：赋自《诗》出，分歧异派，写物图貌，蔚似雕画。"已是意识到屈赋的图绘性了。诗人怀有一副欣赏的心情，去接近人生与大自然，在人生的体验里，在大自然的观照中，实在是洋涌涵摄着诗人的鲜艳、华丽的色彩感觉。把这种色彩感觉收敛在人生里，便是自我性分的显现；把这种色彩感觉照射到大自然上去，便荡漾出宇宙是一个五彩的大图画的美丽的世界了。天才的屈原，在他的现实传统上，有着出人头地的贵族生活的豪华享受，在他的心灵的高洁里，又渴慕着始发的芙蓉的彩色。所以《离骚》说："制芰荷以为衣兮，集芙蓉以为裳。"这是他的性分的显露，也是一幅红绿互映的美丽的画图。《少司命》："秋兰兮麋芜，罗生兮堂下。绿叶兮素华，芳菲菲兮袭予。"是多么美妙的绘画，摇曳着一种淡雅、清幽的高贵风姿。"秋兰兮青青，绿叶兮紫茎。"交辉着多样鲜艳的色调。《橘颂》："绿叶素荣，纷其可喜兮。曾枝剡棘，圆果抟兮。青黄杂糅，文章烂兮。"简直是一幅彩色斑斓的橘树图。《湘夫人》："筑室兮水中，葺之兮荷盖。荪壁兮紫坛，播芳椒兮成堂。桂栋兮兰橑，辛夷楣兮药房。罔薜荔兮为帷，擗蕙櫋兮既张。白玉兮为镇，疏石兰兮为芳。芷葺兮荷屋，缭之兮杜衡。合百草兮实庭，建芳馨兮庑门。"这屋子不仅是五彩缤纷的建筑的摄绘，而且那是多么洁朗，多么没有尘俗气，这应当是屈原理想中的楚国的缩影了。屈原既然意识到人间到处都是显露着鲜丽的色彩的绘画，大自然里也到处呈现着可爱的着色的彩图，这些都对他生出了无限的人间的引诱与诱惑，因之在他的血液里，天然地根植着他对人世留恋、热爱的种子，使得他在他苦痛的生命之流迁里，对红尘只有永远的执着，没有看破与超脱了。

第六节 造型性

《文心雕龙·辨骚》篇说："论山水，则循声而得貌，言节候，则披文而见时。"《物色》篇说："然屈平所以能洞监风骚之情者，抑亦江山之助乎！"这是对屈赋造型性的发现。"窥情风景之上，钻貌草木之中。"这是他造型的手段。镂刻万物的恒姿，射摄恒物的大情，这是他造型的目的。所以在屈原的诗里，一边是巧似的拟形写貌，刻画出客观的自然的具体印象；一边也就在这具体印象上，灌注着恒物的大情，给予人以某种情调的启示与感觉。例如《湘夫人》："袅袅兮秋风，洞庭波兮木叶下。"在洞庭波与木叶下两个具体印象里，却含涵容萧瑟的秋景的韵味，点化出诗人心境上的悲凉。《少司命》："秋兰兮青青，绿叶兮紫茎。"是在这一棵秋兰的具体印象上，却显示了诗人灵魂的高洁。《山鬼》："若有人兮山之阿，被薜荔兮带女萝。既含睇兮又宜笑，子慕予兮善窈窕。"这是描绘出了一个多么可爱的山鬼，在薜荔与女萝、含睇与宜笑的印象里，映出了山鬼的妩媚与超特的姿态。"采三秀兮于山间，石磊磊兮葛蔓蔓。"《离骚》："擘木根以结茝兮，贯薜荔之落蕊。矫菌桂以纫蕙兮，索胡绳之纚纚。"《涉江》："乘舲船余上沅兮，齐吴榜以击汰。船容与而不进兮，淹回水而疑滞。"这些都是利用客观的自然的具体印象，象征着诗人的心情。《招魂》一篇，是完成了屈原在艺术上的造型性的顶峰。这里边陈列着刻画精致、雕肝镂骨的雕刻和轮廓清楚的造型。试看他怎样刻画地狱中的人物:"土伯九约,其角觺觺些。敦脄血拇,逐人伾駓駓些。参目虎首,其身若牛些。"又看他怎样描写喜悦之境:"娭容修态,絙洞房些。蛾眉曼睩,目腾光些。靡颜腻理,遗视矊些。""美人既醉,朱颜酡些。嬉光眇视,目曾波些。""二八齐容,起郑舞些。衽若交竿,抚案下些。"谁能说诗在描写上不能与造型艺术抗衡?看来事实上诗的艺术在屈原的手里,已经开辟出造型性的新的疆土了。

屈原在诗上的造型性的艺术手腕,除了上述的以外,第一,他还能描写非常伟大的场面。比方在《离骚》上说:

"折琼枝以为羞兮,精琼爢以为粻。为余驾飞龙兮,杂瑶象以为车。……遭吾道夫昆仑兮,路修远以周流。扬云霓之晻蔼兮,鸣玉鸾之啾啾。朝发轫于天津兮,夕余至乎西极。凤皇翼其承旗兮,高翱翔之翼翼。忽吾行此流沙兮,遵赤水而容与。麾蛟龙使梁津兮,诏西皇使涉予。路修远以多艰兮,腾众车使径待。路不周以左转兮,指西海以为期。屯余车其千乘兮,齐玉轪而并驰。驾八龙之蜿蜿兮,载云旗之委蛇……"

又在《悲回风》里,屈原因为登高远望,对自然界的景象与雾气的飘忽,也有很巧似的描写。

"上高岩之峭岸兮,处雌蜺之标颠。据青冥而攄虹兮,遂倏忽而扪天。吸湛露之浮源兮,漱凝霜之雾雾。依风穴以自息兮,忽倾寤以婵媛。冯昆仑以澂雾兮,隐渂山以清江。惮涌湍之磕磕兮,听波声之汹汹。纷容容之无经兮,罔芒芒之无纪。轧洋洋之无从兮,驰委移之焉止?漂翻翻其上下兮,翼遥遥其左右。氾潏潏其前后兮,伴张驰之信期。观炎气之相仍兮，窥烟液之所积。悲霜雪之俱下兮，听潮水之相击。"

第二，他还能刻画险峻、沉郁的山景。《山鬼》说：

"表独立兮山之上，云容容兮而在下。杳冥冥兮羌昼晦，东风飘兮神灵雨。……雷填填兮雨冥冥，猿啾啾兮狖夜鸣；风飒飒兮木萧萧……"

《涉江》里也说：

"深林杳以冥冥兮，乃猿狖之所居。山峻高以蔽日兮，下幽晦以多雨。霰雪纷其无垠兮，云霏霏而承宇。……"

屈原以心灵之慧眼，在向着大自然的色相静照和摄取中，在文学上完成了他的诗的艺术造型了。

第七节　强烈的刺激性

《文心雕龙·辨骚》篇："故其叙情怨，则郁伊而易感，述离居，则怆快而难怀。"蒋之翘云："予读《楚辞》，观其悲壮处，似高渐离击筑，荆卿和歌于市，相乐也，已而相泣，旁若无人。凄婉处，似穷旅相思，当西风夜雨之际，哀蛩叫湿，残灯照愁。幽奇处，似入山径无人，但闻猩啼蛇啸，木魅山鬼习人语来向人拜。"（俞樾《评注楚辞》引）可知屈赋是具有强烈的刺激性的艺术了。我们读屈赋时，无论获得的是直觉的具体印象，还是情调的象征，总觉得有一种强烈的刺激，紧紧地向我们的视线上压迫，激动着心灵的安静与平衡，造成紧张的氛围与感觉。《离骚》："汨余若将不及兮，恐年岁之不吾与。"是一颗自我警惕的心灵的烦闷与彷徨。"日月忽其不淹兮，春与秋其代序。惟草木之零落兮，恐美人之迟暮。""惟夫党人之偷乐兮，路幽昧以险隘。岂余身之惮殃兮，恐皇舆之败绩。"是一位孤臣忧国的苦心。"忽驰骛以追逐兮，非余心之所急。老冉冉其将至兮，恐修名之不立。"是天才的怀抱。"朝饮木兰之坠露兮，夕餐秋菊之落英。苟余情其信姱以练要兮，长颉颔亦何伤。"是哲人的风姿。最足以感人的是："曾歔欷余郁邑兮，哀朕时之不当。揽茹蕙以掩涕兮，沾余襟之浪浪。"他如潮水的正义的眼泪，简直流到我们的心泉里来了。《湘夫人》："帝子降兮北渚，目眇眇兮愁予。袅袅兮秋风，洞庭波兮木叶下。"是一片荒凉的景象。《山鬼》："雷填填兮雨冥冥，猿啾啾兮狖夜鸣。风飒飒兮木萧萧，思公子兮徒离忧。"是多么惊心动魄的场面！我们看了"凌余阵兮躐余行，左骖殪兮右刃伤。霾两轮兮絷四马，援玉枹兮击鸣鼓。天时怼兮威灵怒，严杀尽兮弃原野"（《国殇》）的诗句，感情的流波将如何激动与汹涌？读了"出不入兮往不反，平原忽兮路超远。带长剑兮挟秦弓，首身离兮心不惩。诚既勇兮又以武，终刚强兮不可凌。身既死兮神以灵，魂魄毅兮为鬼雄"（《国殇》），心灵的琴弦谱出的将是如何悲壮急促的韵调？《抽思》："有鸟自南兮，来集汉北。好姱佳丽兮，牂独处此异域。惸茕独而不群兮，又无良媒在其侧。道卓远而日忘兮，愿自申而不得。望北山而流涕兮，临流水而太息。望孟夏之短夜兮，何晦明之若岁？惟郢路之辽远兮，魂一夕而九逝。曾不知路之曲直兮，南指月与列星。愿径逝而未得兮，魂识路之营营。何灵魂之信直兮，人之心不与吾心同！"这带给了我们多少灵魂上的刺激！《怀沙》："变白以为黑兮，倒上以为下。凤皇在笯兮，鸡鹜翔舞。同糅玉石兮，一概而相量。夫惟党人之鄙固兮，羌不知余之所臧。"这又给了我们多少的愤慨！《招魂》末尾："湛湛江水兮，上有枫，目极千里兮，伤春心，魂兮归来，哀江南！"这更给了我们一种幽深、妙远、令人凄迷与怅惘的感觉。屈原在他的诗里，有时候也利用双声、叠韵、谐音的文字的音乐性的关系，去加重它对人的感官的刺激。比方说，《离骚》的"芳菲菲其弥章"，《少司命》的"芳菲菲兮袭予"，一看便觉到香气的横溢，对嗅觉起了莫大的引诱。他如《离骚》的"路曼曼其修远兮""斑陆离其上下""望瑶台之偃蹇兮""聊浮游以逍遥""时缤纷以变易兮"；《云中君》的"烂昭昭兮未央"；《湘君》的"石濑兮浅浅，飞龙兮翩翩"；《山鬼》的"石磊磊兮葛蔓蔓"；《涉江》的"雪霏霏而承宇"……都能直接地给人一种感官上的印象的刺激。可见屈原是如何在把握他对一切的直觉印象、情调，并且微妙地去利用它们与文字音义间的关系，去完成了他的诗的艺术上的激刺性的创造了。

《文心雕龙·事类》篇说："观夫屈宋属篇，号依诗人，虽引古事，而莫取旧辞。"可见屈原是革新了诗的艺术的。梁宗岱《屈原》说："《九歌》的轻歌微吟，《九章》的促管繁炫，《离骚》的黄钟大吕，《天问》的古朴的浮雕，到《招魂》一变而刻画精致，雕肝镂骨的雕刻或工笔画。"这不仅是对于屈原的诗有一种恰当的锐敏的美感的摄照，并且是对于屈原的艺术造诣有一种亲切的描写。

屈原的艺术仿佛汪洋大海的景色一样，有时候是天朗气清，风平浪静，一两只银灰色的海燕，振起意志的翅膀，在蔚蓝的深处自由翱翔，透露着宇宙的清新、光明和希望，点缀出人间的那么和平、静穆、圆融的美。有时候是绿藻缤纷，各色的鳞介竞逐，对应在微风轻波的海镜里，形成一幅天然的鲜艳的美的画图。有时候是在稳静的海上，倒映着遥远的山林和村落，幻构成崔嵬，峨峨的海市蜃楼显出了海空的浮雕的优美。有时候是狂风暴雨，涛浪汹涌，发出了一种呜咽似的海啸，一种奇异的音节，伴奏着无穷的沉闷、郁抑、烦乱和恐怖，这又是一种多么怨愤、怅惘、侘傺、不平的美。但是，一旦风雨的狂暴戛然而止，在浮云的罅隙里，划出了一个极清楚的蓝天的轮廓。从海滨的远处，又传来了一阵残花的余香，这又是一种充满了灰色、期待、预感的美。还有不能用言语说出来的天气，也造成了它的不能用语言说出来的美丽。这些，交织成幻体的海上风景的丽姿了。屈原的艺术也是这样。他有着迹象的对偶与文例，也有着五彩缤纷的绘画之美，他既有与造型艺术抗衡的技巧，也有摄制某种刺激性的情调的奥妙，更有超越《诗经》，而另开辟诗境，扩大诗的艺术的领域，且有新体新貌完成。还有一点更特别的是：屈原的艺术是现实与理想合一的艺术，他在现实的形相里，可以看出他的高贵的理想的美。第一，他把一切都人格化，比方《离骚》的"吾令凤鸟飞腾兮"，宇宙里一切平凡的、冥顽的，或无知觉的草木鸟兽，经过他的人格的点化，都变成智慧的万能的灵物，宇宙不就是一个聪慧的、大美的显现了吗？因之他在现实世界的个体的形象里，在他清明的意识的瞬间，是可以瞥见他的理想的邈远的博大的宇宙之美的。第二，他更进一步把最抽象的观念和最具体的现实混合为一：他不仅把理想的美与现实的形体的美合一，而且把理想的爱与现实形体的爱合体。所以当他歌唱他的现实界的美人香草时，也是发扬他那在理想界的一片忠君爱国的热诚。因之，在屈原的心灵里，从现实的一切形体上所瞥见的爱与美，实不亚于在他的理想的抽象的观念上所呈现给他的爱与美。是以在屈原的心灵里，理想与现实是分不开的，也可以说是一体的；附丽在它们上面的爱与美，也是一致的、统一的、和谐的。这是透过他的艺术的慧眼对宇宙的看法，也是化人类的平凡的生命为有无上价值的秘诀。就是这一点不仅使他的艺术达到了极峰境界，而且构成了他对现实执着热恋的基本心理。无上价值的艺术发展到顶峰是与现实合一的，并且是人类全部的生命的光明的象征与启示。我们很骄傲的、这么健康的、至高的艺术观，在屈原的诗里找到根据了。所以无怪屈原的诗像一颗嵌在夜空里的璀璨的光亮的辰星，永远地为后代人所仰望膜拜了。

第六章　总论

梁启超《楚辞解题》说："屈原性格诚为极端的，而与中国人好中庸之国民性最相反也。而其所以能成为千古独步之大文学家亦即以此。彼以一身同时含有矛盾两极之思想：彼对于现社会极端的恋爱，又极端的厌恶。彼有冰冷的头脑，能剖析哲理，又有滚热的感情，终日自煎自焚。彼绝不肯同化于恶社会，其力又不能化社会。故终其身与恶社会斗，最后力竭而自杀。彼两种矛盾惟日日交战于胸中，结果所产烦闷至于为自身所不能担荷而自杀。彼之自杀实其个性最猛烈最纯洁之全部表现。非有此奇特之个性不能产生此文学，亦惟以最后一死，能使其人格与文学永不死也。"除了"彼有冰冷的头脑，能剖析哲理"的一点我不完全同意外，其余的确实能透视出屈原一生的悲剧场面，以及和现实冲突矛盾的人生形式。屈原既爱恋着现实，但他又不能化除了他与现实的冲突和二者间的距离，说他厌恶现实吧，但他又对现实那么执着，而不能超脱，更不了解超越的自我解救的秘诀。所以造成了他的苦难的躯体、矛盾的灵魂和不可解救的烦恼的生命。矛盾的苦痛，引导着他走向了死亡；但也正因为矛盾与痛苦，始能在他的生命的铁砧上捶击出人性的光和热，而把人类的灵魂境域提升到无限高，同时又发掘到无限深，点化出人类的壮美，显露着人性的崇高和高贵。

一、情与理的冲突

屈原是一个十足的唯情主义者，他的生命更是一个熊熊烈焰的大洪炉的象征，只要他一息尚存，他是不停止地向人间世放射他的情感、悲悯和同情的；并且也是不间断地对现实表示他的热烈与爱恋的。但是不巧得很，他所处的时代是一个理智横溢的时代，即是老庄思想支配着一般人心的时期。理智的结果：在心灵的生活上，是小我的自足的宇宙之建立；在人与人的关系上，是各自的孤立的系统之完成；在人生的态度上，是独善其身的妙用和与世推移的理论之风行；在现实的生活上，又是自私、狭隘、冷酷和刻薄寡恩的。唯情的屈原，生在这样的一个时代里，悲剧自然是不可避免的了。因为屈原所需要的心灵生活，不是小我的自足，而是大我的心灵的无间与大和谐；他所憧憬的人与人的关系，也不是各自的孤立，而是化除了彼此的对峙，形成了大众的心扉的互通和彼此的友情的交流；他所理想的人生态度，也不是独善其身，与世推移，而是兼善天下和特立独行；他所渴望的现实生活，也不是冷酷、自私、狭隘，而是热情、博大和"为人"的结晶。情与理肯定的价值不同，乃产生了两种相反的人生思想的体系。就在这两种思想体系的冲突、激荡里，飞溅着屈原的悲剧的浪花，也是人类的悲剧。在理智的世人看来，屈原是那么执着，那么冲动，那么锋芒外露，那么不知道节省珍贵的热情，简直可以说是对现实认识不足和世故不通了。相反地，在唯情的屈原看来，世人的知觉，是如何地麻痹；感觉是如何地缺少了灵活的反应；世人虚伪的、冰冷的、原始的、残酷的态度，他从心眼里觉得他们是如何地可笑与骇惧；世人的刻薄、自私，使他是如何地惶惑因而不了解人类生存的究竟意义。情与理人生态度的矛盾与差异，在《渔父》的对话里，恰做了二者的交映与对比：屈原对于他被放逐的原因做自我的探索和检讨说："举世皆浊我独清，众人皆醉我独醒，是以见放。"这正暗示出他与世人的冲突是建筑在情与理的人生态度的分野上。假若他被放逐的原因就世人的眼光看来，那倒不是"世浊我清"，而应是"举世平凡而我独超特"，更不是"众醉我醒"，而应是"众人唯理我唯情"。（理智的结果是含蓄的、计较利害的、知雄守雌的，这样的态度确实有点像"醉"；感情的尽头是暴露的、超利害的、卫道的，如此的人生态度也确实有点像"醒"。）唯理的渔父当然反对他这种人生态度，所以说："圣人不凝滞于物，而能与世推移。世人皆浊，何不淈其泥而扬其波？众人皆醉，何不哺其糟而歠其醨？何故深思高举，自令放为？"这是劝他放弃唯情的态度，而皈依到唯理的人生的思想体系里来。这当然是要遭遇到屈原的拒绝的。所以屈原说："吾闻之，新沐者必弹冠，新浴者必振衣。安能以身之察察，受物之汶汶者乎？宁赴湘流，葬于江鱼之腹中。安能以皓皓之白，而蒙世俗之尘埃乎？"他仍然不放弃他唯情的立场，坚持着他高人一头的地位，他为了维持他超人的天才的骄傲，不惜葬身江鱼腹中，这是他的决心，也是人类的悲剧的起点。结果渔父"莞尔而笑，鼓枻而去"。他肯定屈原是顽固的，他肯定屈原是愚昧、昏惑的。他以超越一切的态度和空灵的、无凝滞的胸襟，在沧浪的歌声里，一边获得心界的孤傲的愉悦，一边以"不复与言"的方式远离了屈原。这是两种典型的人生的冲突，结果还都是各自归宿到他们的两个孤立的系统里去。屈原就是在这种方式下，被世人所遗弃了，也可以说是他遗弃了世人。悲剧就从这里开始了。他有倾宇宙的泉也要像一滴水干去的热情，他有火山爆发似的生命力的冲动，他的热情需要不停地向外喷射，他的生命力的冲动也需要向人世去找寄托。但是，理智的时代，哪里知道他的热情的伟大；贫缺的人生，哪里晓得他的活力冲动的价值。他心灵里充盈着对友情的渴望，也洋溢着对现实的爱恋、执着。然而，对友情的追求，是怅惘、苦痛的获得；对现实的热恋，也是只剩下心灵的寂寞与荒凉。他憧憬着人类爱的交流，理想着人类大我的心灵的无间、和谐；但是，毕竟他与世人中间，仍然存在灵魂的矛盾和颤动，震荡着心灵的对立、冲突，最后他依旧是陷于小我的孤立。理智的人们，以虚静、寂寞、孤傲作为安身立命的法宝；以平凡、无为作为人生的保护的色调；他们看现实是根本毫无价值的，只求小己的心灵的喜悦。唯情的屈原不了解这些，他既耐不住寂寞、荒凉，但他却也厌恶平凡的人生；他凭借着他对人类过量的悲悯、热爱的支持，他仰仗着他的高洁的热情的冲动,所以他要高人一等,特立独行。然而飞得高,跌得重,他这种人生态度不仅注定了他在现实上失败的命运,而且铸成了他与世人的极不相容。所以他到处遭遇到世人的非难、谗谤、迫害和打击,以致被世人所摒弃,遭受了放逐的苦难与折磨。看理智的时代对他是这样残酷,嘴上泛着"冷笑"的世人对他是如此无情,屈原就会屈服、消极了吗?不,他挥着热情的眼泪,与理智的世人不断地斗争,就在理与情的两种美的互相交辉、颤动、冲激、矛盾里,映射出人类的悲剧的影子,引导着屈原走上了悲壮的毁灭的路子!

二、动与静的冲突

由情感出发的结果,便是"动"的人生观之建立;理智走到了尽头,便是"静"的人生态度之完成。在动与静的概念里,实胎胎涵容着两种典型的人生。它们一边是热,一边是冷;一边是勇敢,一边是犹豫;一边是进取,一边是因袭;一边是充实,一边是空虚;一边是爱,一边是恨;一边是坦白,一边是诈伪……在这两种人生态度里,对应和交辉着两种典型人生的奇彩、美丽,装点出生命的崇高、深邃和丰富。然而这是人生的两个方向的尽头,它们虽然各有独特的美善,各有它们的价值与高贵,但是却代表着两个分力,互相否定、轻视,各不承认对方在人生的地位与价值的。因之，动与静的两种典型人生发展到顶点，依然孕育出矛盾与冲突，扮演着人类壮烈的悲剧，屈原恰是这类悲剧的主角了。因为屈原的生命，是动力的化身，又有火热的灵魂，作为他冲动的先导，所以在他的生命的流迁里，他没有一刻安静，只有动荡与不宁；也没有一刻虚冷、超脱，只有无间断的苦闷与彷徨。他的生命仿佛是久受埋障壅塞的河水，一面是在千重涛浪的呜咽里，叫出他的忠贞、他的义愤、他的悲悯、他的怅惘、他的智慧、他的忧郁，一面是在汹涌的洪流里，要冲毁人间的防堤，以他眼泪的潮水去淹没人间世的罪恶，以他心血的怒波去洗涤人世的自私、诈伪。在他这种生命情调里哪里会有安静？在他这样的人生里哪里会有虚冷？所以在他的血液的激越里，注定了他一生的动！动！动！把他这种"动"的人生影射到思想、行为里：是他的憧憬于重新改造楚国的理想；是他的为政以暂短的时间使得楚国富强而法立；是他的违反朝廷的苟安意志的合纵的政治主张；是他个人的为理想不断与朝臣的冲突；是他对放逐的英勇接受；是他被放逐后的倔强与固执；是他的殉理想的死。但是，屈原所处的时代的精神，不仅与他这种类型的人生相反，而且二者天然地成为矛盾的对立。唯理的世人，他们的人生态度，不是热、动，而是冷、静；他们不是燃点着感情的火焰，去窥探那以理想的绳索所织成的好梦与幻想，而是以冷冷的目光去凝视现实，他们甚或否认了现实的绝对价值。这种"静"的人生的实际表现，是对现世的一切主张因袭、消极、保守和凝滞。所以他们反对屈原重新改造楚国的理想，承认世界上既成的安定势力。在他们看来，人力在宇宙中渺小得可怜，因之，它对社会也不能改造了什么！社会的秩序和政治的条理，只有符合着宇宙的大和谐的秩序条理的变化与节奏，始能慢慢地变好，不需要人力巧夺天工般地去筹划改造。是以他们以为屈原的使"国富强而法立兮"的政治，是青年人的闲中多事，屈原的合纵政策，更是不明当时的大局。苏子由《六国论》里说得好："夫秦之所与诸侯争天下者，不在齐楚燕赵也，而在韩魏之郊；诸侯之所与秦争天下者，不在齐楚燕赵也，而在韩魏之野。秦之有韩魏，譬如人之有腹心之疾也。"这确实能透视出当时政治局势的重心所在。楚国的朝臣，一方面畏惧强秦的武力，一方面也以为在地理形势上韩魏是抗秦的第一线，楚国又何必合纵而平空里与秦人为仇呢？况且因袭、保守，是他们一贯的人生态度，所以他们当然反对急进的屈原了。他们心目中的屈原，是幼稚的，是傲慢的，是好高骛远的，是大而无当的，是空言理想的。所以他们对他不惜以卑劣的手段——造谣谗谤，去摧毁他在政治上的一切，并且动员楚王对他进行放逐，以期提前结束诗人的生命，或者压迫他向唯理的人世妥协、投降。但是，在屈原看来，理智的世人是何等谬妄！静的人生是何等令人不解！他们是平凡、虚伪、自私、麻痹、守旧、因袭的，他们既不了解生之光荣的意义，又断送了楚国的光辉的前途。所以为了保卫人间的高贵的温、热、情、爱，为了实现他的绚烂的理想，为了挽救祖国于危亡，他乃以孤军苦战的姿态，向理智主义的世人挑战，以生命的代价，诉说他卫道的决心和诚意，他虽然被放逐，但是仍然骂一声"世

浊我清"；他的生命虽然将被理智的世人所毁灭，但是不妨他仍然写一声**"众醉我醒"**。屈原的至死不与世人妥协，也犹之乎理智的世人永远不会了解他而与他和谐一样。这是动与静的两种人生态度的冲突、矛盾，它们的中间是永远没有一致、和谐与同情的。这种冲突矛盾也将在人类的心田里永恒地传递着，点装着人生的枯竭、贫乏和平凡。然而可惜的是，我们的诗人屈原，却在这两股怒潮激荡里做了牺牲！

三、理想与现实的冲突

感情磅礴的人往往是喜欢理想的，相反地，冷酷理智的人倒是密切地注视现实。因之，喜欢理想的人在现实上到处遭受着苦痛与失败、悲惨与打击；然而注视现实的人却又时刻受到喜欢理想的人的轻蔑、卑视、冷讥和热嘲。这也是人生的两个相反的方向，一个的价值在精神世界，一个的价值在现实领域。就在这理想与现实的冲突、矛盾和□能调和里，却震荡着人类的悲剧。屈原无疑是一个理想主义者，他有丰富的情感，作为他做好梦的凭借和勇气；他缥缈的幻想，作为他幻构绚烂理想的根基。但是，屈原却又是一个地道的现实主义者，他有一般的人性的权力欲的观念，所以他对政治有浓厚的兴趣，他又爱恋人间的一切，所以他对现实苦闷到不可解救；他对祖国的兴亡（这里面也反映着他个人的成败），看得甚为真切，所以他在被放逐后又切望着"一反何时"。一个人具这样矛盾的两重人格，不是悲剧的发展又是什么？屈原既不能放弃精神宇宙，偏要执着于高人一等的天才的人类之花的骄傲疏狂，想以他的理想去永远支配人类的心灵；但是，他也不能放弃现实的世界，偏要肯定现实价值的绝对真实，想以他的才能与魄力去建设起一个完美的楚国，或者使后人永久向往的一座哥特式的功业的宝塔来。这就是他的悲剧的起点了。正因为他追求理想，放射精神上的才华，所以他触怒了世人，遭了俗人的猜忌，而被毁坏了他在现实上的雄心与壮图。不过，也正因为他在现实上的失败，所以他的精神领域则愈放光彩，理想的发展也愈发地伟大、崇高。如是，他在现实上也更加失败了。就在理想与现实仿佛是"鱼与熊掌"二者不可兼得里，却展开了他悲剧的序幕，酝酿着他灵魂的矛盾，心灵的痛苦和生命的不得从苦难里超度了。其次，还有在哲理上的一个信仰加重了他的悲剧性，这就是他对理想与现实的看法。他把理想附丽在现实上，也可以说在他的心目中，理想与现实是完全合一的。他的理想，不是在天上，也不是在地下，而是在现实的人间。他的理想的爱与美，只有在现实的事物的形体上才可以找到；现实的一切，乃是最高的理想的显现。因此，在他对理想的过分的向往和渴慕里，反而增加了他对现实的爱恋；他在对现实的事物世界的执着中，也更提高了他对理想的幻美的热爱与憧憬了。理想与现实，在屈原看来是一物的两面，是一个和谐的整体，而不是矛盾的对立。把理想放在现实上才更显得理想的崇高、真实、高贵和伟大；能符合于理想的现实才更显出现实的美丽、可爱和生命的丰富与价值性。这是在屈原的心目中对理想与现实的看法，把他这种看法投射到他的人生里去的结果，便构成他生活态度的骄傲与疏狂。因为他把理想与现实合一，所以他带了一副理想的慧眼和追求理想美的心情去接近现实，他以为现实的一切是美的、善的，也可以说是真的、符合于理想的；但是，接触现实的结果，乃证明了他这种看法的荒谬和他的理想的错误。屈原这样的心理矛盾，在李长之师的《女婴之歌》里刻画得极为细腻、精致：

"我知道你有理想，所以你看着一切乖张，你觉得人情太冷，温暖不了你的热肠！你常想庄严荣誉的人类，可是你痛苦了，因为遇见的都是蝇蝇小鬼，但你没想这原是人道主义的苦味。"（节录自《星的颂歌》）

现实毕究充满了丑、恶、虚伪，它不仅不符合屈原的崇高的理想，反倒与他的理想产生了不可缩短的距离，成为了矛盾的对应。所以当屈原解悟到理想与现实不是一体的、和谐的，而成为对立与矛盾时，他对理想与现实的看法的信仰动摇了：现实的善、美的信仰的动摇，在屈原看来，也就是对理想的绚烂的破灭；理想幻灭了，那么剩下的比较真实的自然是丑、恶、平凡、琐碎的生活了，这在屈原看来是最不能忍受的事。须知当一个人对现实失掉了信仰，不但是降低了他生活下去的勇气，同时还激荡起他性格里的偏激愤怨、倔强傲慢，造成了他骄傲的、疏狂的人生态度。自然地，他态度的骄傲疏狂，更惹起现实上的反感，迫使他远离现实（虽然他是热爱现实的），对他放逐！放逐！放逐！屈原就是这种命运的不幸儿。所以无论是就一般的理想与现实冲突的观点来看，还是就屈原所肯定的理想与现实合一的观点来看，最终的结果是，理想与现实总是形成了矛盾与对立。屈原就是在这矛盾与对立的湍流里，心灵里载荷着过量的"生"之痛苦，过量的"情"之激越，过量的矛盾与彷徨（他一方面爱恋现实，一方面也厌恶现实），导演出千古壮烈的悲剧，也是人类的悲剧！

四、天才与俗人的冲突

"鸷鸟之不群兮，自前世而固然。"（《离骚》）

"邑犬之群吠兮，吠所怪也。非俊疑杰兮，固庸态也。"（《怀沙》）

天才是智慧的花朵，是人类的骄傲的结晶，没有天才的时代，生活将平凡到不可思议；没有天才的人世，世界将暗淡得失却光辉。天才不仅在人类的干枯的心灵里撒播着甘霖雨露的种子，而且为了启迪人类的智慧、灵魂，也不惜亲身踏入罪恶的渊薮（当然是世俗的罪恶），甚或去牺牲他的生命。然而不解的，也可以说是一个宇宙的谜吧，当时的俗人不但不了解天才的用心与苦衷，而知所感谢，反而给予天才们悲惨的待遇、谩骂与唾弃,甚或一种惨酷的死,造成了不应有的天才与俗人的冲突,历史上的悲剧。天才的屈原,他的遭遇当然也不能例外了。他一方面在形而上学上有天才的肯定,一方面也对往古的天才们有一种向望与怀思,所以在他自我天才的肯定下,他开始与俗人冲突了。因为天才与俗人的不同,也可以说是两种人生形式的差异:一边是象征着绝顶的聪慧,一边是代表着愚昧和昏惑;一边是追求生活的理想,一边是追逐生活的现实;一边是憧憬人生的美丽,一边是安于人生的烦琐;一边是灵魂的驰骋奔放,一边是形体的拘谨约束;一边的价值是在精神世界,一边的价值是在现实的领域;一边是暴露着人类的坦白的骄傲,一边是凝敛着人类的虚伪卑污……这是完全相反的两种人生形式,除了"人"字本身的概念相同外,哪里还有一点相同呢? 在天才们看来,俗人真是平凡得可怜的、顽固的笨伯。"*世浑浊而莫余知兮,吾方高驰而不顾。*"这是天才的伤心,感觉上的荒凉与寂寞,也是天才应付的代价。但是,在俗人看来,天才的生活是多么奇怪与令人不解,天才真是人类的妖孽。"*羌内恕己以量人兮,各兴心而嫉妒*",是俗人处世的法宝,也是俗人对付天才的哲学。假若这两种人各自守着自我的封疆,各自去肯定自我的价值,那么这个冲突或者是可以避免的吧。然而不幸的是,权力欲望的伸张,生命的外向力的冲动,又往往突破了自我的限界,如蜗牛的触角似的伸入了他人的领域。人类就是在这个弱点上,也可以说是在这个心理的状态下,如火山似的喷吐出悲剧的流液,凝固为标志着人类心灵苦痛的凄惶的突兀、嶙峋的奇岩怪石,装点着人类暗淡无光的平凡的历史了。是以屈原他不安于天才的自足和寂寞，他从天才的轨道里滑走，走到俗人的群里去。他要救国救民，博爱人类；他要做一个现实乐园的天使，为大众宣传福音。这本是他的道心与善意的显露——基于对人类的过分的悲悯。但是悲剧却从这个道心善意里产生了。因为他虽然高喊着为国为民，为大众解除痛苦，但是他的潜意识里始终没有放弃他天才地位的特殊。他既不愿与他所热爱着的大众（俗人）同流，也不愿与他们站在同一的平面之内。他要超出于俗人之上，反转来居高临下，以鸟瞰式的姿态来热爱俗人，帮助俗人。所以他的人生态度，仍然是吐露着天才的骄傲、自命不凡，有不可一世之概的。就是他这种高人一等的态度，惹起了时代对他的反动，俗人对他也产生了反感；他们不但不接受他这种天才的骄傲的态度，而且连带不接受他这种为国为民的好心。结果不是悲剧又是什么？苏格拉底之所以饮鸩，耶稣基督之所以被害，其理亦在此。屈原的生命是矛盾的，他表演了天才与俗人的冲突；他一方面爱俗人，爱俗事，而另一方面又要求超乎俗人，超乎俗事。这是多么不可解的矛盾啊！他就在这个矛盾里，饮着人间的眼泪和痛苦，英勇的，期待的，被他一方面要超越，一方面也在热爱着的俗人所暗害了。

五、一种典型的精神

"虽萎绝其亦何伤兮，哀众芳之芜秽。"（《离骚》）

人生冲突矛盾痛苦的结果，在心灵的变化与发展上，可能只有两途：一途是顺着儒家的路线去发展，这便是儒家的进取精神，它不仅有超越利害的宗教般的信仰，并且有知其不可而为之的宗教情绪。有此精神，可以杀身成仁，也可以舍身取义。这种精神的实践，便是人世的兼善天下的切望与要求；这种精神反映到生活态度上去，那便是疯狂。一途是沿着道家的旧轨去进行，它的典型的人生态度是恬退的、与世无争的、明哲保身的，也可以说是出世的、要求独善其身的。唯情的屈原，当然走的是第一条路子了。在屈原的生命里，绝没有道家的恬退出世的思想，只有儒家的进取的精神。所以在他的一生里，我们所看到的，是他英勇倔强地对苦难的环境挣扎奋斗；是他疯狂地不肯在命运之神的面前去低头。他的生之强烈，对现实的眷怀，乃源于进取。他的生之冷漠和对现世的厌弃，也是发自进取的心情。试看他的生之强烈吧："余固知謇謇之为患兮，忍而不能舍也。指九天以为正兮，夫惟灵修之故也。"（《离骚》）

看他的生命力是多么蓬勃、强烈！"灵修"本是指怀王，其实还不如说是指楚国，看他对楚国是多么爱恋与眷怀！

"苟余情其信婷以练要兮，长颇颔亦何伤。……宁溘死以流亡

兮，余不忍为此态也。"(《离骚》)

他对生命的态度是多么冷漠！对现实的价值是如何厌弃！这并不是他对小己生命的轻视，相反地，这正是他爱惜生命的结果。更不是他对现实消极的显示，而是他对现实积极进取的表现。以生命与理想比较，在屈原看来，是理想重而生命轻，所以他下了个以生命殉理想的决心。为了理想，他宁愿身体消瘦下去！为了理想，他宁愿溘死，宁愿流亡！屈原保持着这种精神，一直到了自杀的时候。屈原一生所要求的不是自我的幸福，所追求的也不是小己的享受，而是他的宗国的盛强和人民的安居乐业。为了这个目标与理想，他是"**首身离兮心不惩**"(《国殇》)的；虽然他"**陈志无路**"，可是他仍要"**发愤抒情**"(《惜诵》)。他看见了郢都的残破，民众的离散相失，而要"**望长楸而太息兮，涕淫淫其若霰**"(《哀郢》)。这种进取的精神，不仅使得我们这位诗人的作品不朽，而且使得我们这位诗人的人格"**与天地兮同寿，与日月兮同光**"了。

六、一种典型的美

"**亦余心之所善兮，虽九死其犹未悔。……阽余身而危死兮，览余初其犹未悔。**"(《离骚》)

当你读了这几句诗，在心灵里荡漾起什么样的感觉？得到的是什么样的美的印象？你可记得起突兀的巉岩，你可记得起巍巍的山岳，它那庄严的外貌，它那屹立的形姿，你是否感到它的倔强、永恒与美丽？你还记得起那抹山的流云，那绕山的飞雾，你是否也觉得它们博大到使你目眩神驰？你还记得起那滚滚的川水，那如雷的瀑布，你是否也感到那是人间的愤怒，不平的泣诉？你还记得起那海洋的波涛万顷，奔流接天的景象，这是不是天地间少有的壮观？你或者也想到那水底出没的蛟龙，你或者也想到那渺茫的遥远的彼岸，你是否也觉到有一无言的广博与雄伟？你可到过染霜的枫林，还记得起那血斑的红叶，你是否也觉得它象征着激越与勇敢？你看到那盘根错节、矫矫参天的乔木，你是否也觉到它的生命的蓬勃与新鲜？你看到那苍劲的孤松，你是否也觉到它生命的不屈与劲直？这是宇宙的壮美，象征着人类个性的固执；屈原的作品，正是这种美的好例证。山川是永恒的，附丽在山川上的壮美是不朽的，所以屈原的作品负载着他冲突矛盾的心灵和生命的倔强固执之美，也将如名山大川似的涵摄着永恒与不朽，屹立在人间，永远地像山那样崇高，像川那样遥远了。

1943年9月20日于重庆